Arriver à Madère

Les deux principales îles de l'archipel, Madère (chef-lieu : Funchal) et Porto Santo (chef-lieu : Vila Baleira), disposent chacune d'un aéroport international les reliant à l'Europe continentale – celui de Madère étant, et de loin, le plus fréquenté (voir *« S'y rendre en avion », p. 4*). On y trouve des distributeurs de billets, les principales agences de location de voiture et des points d'information touristique distribuant carte de l'île et plan de son chef-lieu. Les stations de taxis et les arrêts des bus desservant les principales localités (les billets s'achètent à bord) sont situés à la sortie des terminaux.

L'île de Madère

Aeroporto da Madeira (FNC) – **Plan détachable G6** - sur la côte, à 16 km au nord-est de Funchal, entre Santa Cruz et Machico - ✆ 291 52 07 00 - www.anam.pt.

➔POUR REJOINDRE FUNCHAL

Bus – De l'aéroport, liaisons régulières directes de et vers Funchal et Machico *(3,25 €)* avec les bus urbains de la compagnie SAM *(www.sam.pt)*. Passage env. ttes les 30mn de 6h à 20h (7h30-19h30 les w.-end et j. fériés). L'Aerobus *(www.anam.pt/aerobus-madeira - 5 €)* passe env. ttes les 1h15 de 8h15 à 22h (9h30-22h lun. et dim.) et dessert la plupart des grands hôtels. Horaires disponibles à l'office du tourisme de l'aéroport et sur le site Internet des deux compagnies.

Taxi – Comptez env. 30 € pour Funchal, 15 € pour Machico, 70 € pour Calheta - ✆ 291 76 57 60.

L'île de Porto Santo

Aeroporto do Porto Santo (PXO) – **Plan détachable G2** - à 1 km de Vila Baleira (env. 3 km au nord du port) - ✆ 291 98 01 20 - www.anam.pt.

➔POUR REJOINDRE VILA BALEIRA

Taxi – Comptez env. 10 € de l'aéroport au centre-ville - ✆ 291 98 23 34.

La vereda du pico do Arieiro.

Robert Harding/hemis

Destination Madère

Préparez votre voyage

Formalités d'entrée

Pièce d'identité – La carte nationale d'identité suffit pour les ressortissants de l'UE et pour les Suisses ; les Canadiens présenteront un passeport en cours de validité.

S'y rendre en avion

De France, Suisse ou Belgique, il vous faudra généralement faire escale ou changer d'appareil à Lisbonne ou à Porto. Comptez 4h de vol entre Paris et Funchal (Madère).

Compagnies régulières

TAP – La compagnie nationale portugaise assure des vols sur Funchal tlj depuis Bruxelles, Paris-Orly et Genève avec escale à Lisbonne ou à Porto - ✆ 0 820 319 320 (0,12 €/mn) - www.flytap.com.

Compagnies low-cost

Transavia – La compagnie franco-hollandaise dessert Funchal depuis Paris-Orly, avec une escale (sans changement d'avion) à Porto - www.transavia.com.

Jetairfly – La compagnie belge propose 2 vols directs par semaine depuis Bruxelles pour Porto Santo via Funchal - www.jetairfly.com.

Argent

Archipel portugais, Madère appartient à la zone euro.

Voir aussi la rubrique « Banques, cartes de crédit », p. 6.

Saisons et climat

Avec un climat de type océanique, l'archipel connaît des températures stables toute l'année, encore adoucies par la présence du Gulf Stream. La température de l'air oscille entre 17 °C en hiver et 23 °C en été, celle de l'eau varie entre 18 °C et 22 °C, autorisant la baignade presque toute l'année.

Les différences sont pourtant sensibles entre les côtes, ensoleillées, et les bourgs d'altitude, généralement établis entre 500 et 700 m d'alt., plus ventés et plus frais. Quant aux sommets, ils retiennent souvent les nuages entre 1 200 et 1 800 m d'alt. Le temps y est très changeant, imprévisible, les vents assez forts, et les températures chutent vite en soirée : gardez toujours sur vous un coupe-vent et une petite laine.

L'île de Porto Santo est plus aride que celle de Madère, où il pleut fréquemment au printemps et à l'automne.

Voir aussi la rubrique « Un climat privilégié », p. 107.

La meilleure saison pour venir marcher à Madère s'étire entre avril (fin des pluies) et juin, époque où les ciels sont lumineux et l'île particulièrement fleurie. De juillet à septembre, vous bénéficierez des températures les plus plaisantes, mais il est prudent de réserver votre hébergement. La fréquentation bat son plein également pour les fêtes de fin d'année, pendant le Carnaval et la fête des Fleurs.

Voir aussi notre « Agenda culturel », p. 16.

Pour en savoir plus

Avant de partir

Vous pourrez obtenir un certain nombre de renseignements pratiques auprès de l'office national de tourisme du Portugal (www.visitmadeira.pt) :

France – 3 r. Noisiel - 75116 Paris - ✆ 01 56 88 30 80.

Belgique – Blanchestraat 15 - 1050 Ixelles - rens. par téléphone seult - ✆ 078 79 18 18.

Suisse – Badenerstrasse 15 - 8004 Zurich - ✆ 01 241 00 01.

Sur place

Dans les offices de tourisme, un interlocuteur souvent francophone vous fournira carte de l'île, horaires des transports publics, listes d'hôtels, de restaurants et d'activités sportives ou nature.

À Madère – Direcção Regional do Turismo da Madeira – Av. Arriaga 16 - Funchal - ✆ 291 21 19 02 - info.srtt@gov-madeira.pt - lun.-vend. 9h-19h, sam., dim. et j. fériés 9h-15h. Autres bureaux à l'aéroport et à la gare maritime, ainsi qu'à Porto Moniz, Ribeira Brava, Santa Cruz et Santana, avec des horaires plus restreints.

À Porto Santo – Centro de Artesanato – Av. Dr Manuel Gregório Pestana Junior - Porto Santo - ✆ 291 98 52 44 - lun.-vend. 9h-17h30, sam. 10h-12h30.

Sur Internet

Quelques sites bien faits et complets, souvent en portugais, parfois en anglais voire en français :

www.visitmadeira.pt – Site de l'office du tourisme de l'archipel de Madère.

www.madeira-web.com – Des informations pratiques et des photos.

http://cultura.madeira-edu.pt – Agenda culturel de Madère.

www.madeirarural.com – Recherche d'hébergement alternatif par localité ou par type de logement, parmi une foule d'infos culturelles et pratiques. Bonnes infos sur les sentiers de PR et les *levadas*.

www.agroportal.pt/Turismo/ter/madeira.htm – D'autres solutions d'hébergement alternatif.

www.caminhadasmadeira.com – Décrit quelques *levadas* traversant l'île.

http://zonapedonal.com – Présente, en images et en vidéo, une douzaine de parcours pédestres le long des *levadas*.

http://rotadosmiradourosdamadeira.blogspot.pt – Tous les belvédères de Madère, commentés et avec photos.

www.museumac.com – Réseau des musées intégrant Canaries, Açores et Madère.

www.vinhomadeira.pt – Tout sur la vigne et les vins de Madère.

www.porto-santo.com et **www.porto-santo.info** – Deux sites dédiés à l'île de Porto Santo.

Votre séjour de A à Z

Banques, cartes de crédit

Vous trouverez des distributeurs automatiques *(multibanco)* dans presque toutes les localités ; attention, les retraits sont limités à 200 € par opération.
Les cartes bancaires internationales sont acceptées dans la plupart des commerces, restaurants et hôtels de standing moyen ou supérieur.
Voir aussi la rubrique « Horaires », p. 7.

Consulats

Seule la Belgique dispose d'une représentation consulaire dans l'archipel.
Belgique – Rua Dr Brito Câmara 20 - Funchal - ✆ 291 21 02 00/02 - jvf@netmadeira.com.

Décalage horaire

L'heure locale est celle du méridien de Greenwich. Lorsqu'il est midi en France, il est 11h à Madère.

PAS DE PANIQUE !
Appel d'urgence européen : ✆ 112
Urgences médicales : ✆ 112
Police : ✆ 112
Hôpital : ✆ 291 70 56 00
Service d'informations : ✆ 118
Perte cartes bancaires :
Amex : ✆ 707 50 40 50
Eurocard et Visa : ✆ 800 81 18 24
Master Card : ✆ 800 81 12 72

Eau

L'eau du robinet est potable mais d'un goût peu agréable. Vous trouverez de l'eau en bouteille, gazeuse *(com gas)* ou plate *(sem gas)*, dans toutes les épiceries.

Électricité

Comme sur le continent, le secteur délivre du 220 V. Les prises sont les mêmes qu'en France.

Handicap

Bien que quelques hôtels et restaurants soient dotés d'installations prévues pour les personnes à mobilité réduite, la physionomie de l'île se prête mal au *turismo acessivel*, même en ville (trottoirs étroits, ruelles escarpées).
Seul un parcours « nature », le PR Joel, a été pourvu d'infrastructures adaptées aux fauteuils roulants : il couvre 2,1 km de chemin entre le Pico das Pedras et les Queimadas (*voir p. 82*).
Plus d'infos sur www.lifecooler.com/edicoes/lifecooler/turismoAcessivel.asp.

Hébergement

Funchal concentre l'essentiel du parc hôtelier, avec plusieurs établissements bon marché dans le centre. À l'ouest, sur la Estrada Monumental, de gros complexes « tout compris » sans charme jouxtent d'anciens palaces et des ensembles résidentiels. Les autres lieux de séjour se trouvent à Caniço, près de l'aéroport, et sur l'île de Porto Santo.

Ailleurs dans l'île, vous trouverez à vous loger à Santana et dans la plupart des bourgs côtiers, notamment Ponta do Sol et Porto Moniz. Dans le centre de l'île, les options sont plus réduites mais l'on notera la *pousada* dos Vinháticos, établie dans un site exceptionnel.

Catégories d'établissements

Les petits budgets opteront pour une *pensão* (pension) ou un *residencial*, souvent des établissements familiaux au confort modeste. Les *estalagem* (auberges) présentent plus de cachet et ont parfois pour cadre des *quintas* restaurées. Ces dernières peuvent aussi accueillir des hôtels de charme dotés de tout le confort. Enfin, la formule des *apartementos turísticos*, proposant studios et deux-pièces équipés d'une kitchenette, séduira les familles ou ceux qui préfèrent préparer eux-mêmes leurs repas.

Voir notre sélection d'adresses dans la rubrique « Se loger », p. 20. Vous les retrouverez sur le plan de Funchal p. 50- 51 et sur le plan détachable à l'intérieur de la couverture où elles sont repérables grâce à des pastilles numérotées (ex. 1).

Horaires

Banques et administrations – En général, lun.-vend. 8h30-15h.
Églises – Horaires très variables; certaines n'ouvrent que pour les offices religieux.
Magasins – Du lun. au sam. matin de 9h ou 10h à 13h et de 15h à 19h ou 20h, plus rarement le sam. apr.-midi et le dim. Dans les zones touristiques, les supermarchés ouvrent aussi le dim.
Marchés – Le matin (9h-14h env.).
Musées – Ils ferment 1 à 2 j./sem., soit le lun., soit le w.-end, ainsi que les jours fériés. Fermeture annuelle : 1er janv., 1er Mai, 15 août et 25-26 déc.
Restaurants – Déjeuner entre 13h et 15h; dîner à partir de 19h.

Voir notre sélection d'adresses dans la rubrique « Se restaurer », p. 27.

Internet

Quelques cybercafés opèrent à Funchal et à Porto Santo. Vous pourrez vous connecter au réseau Wifi dans la plupart des hôtels et dans certains cafés.

Jours fériés

– **1er janvier** : Nouvel An.
– **février-mars** : Carnaval *(dates variables; 12 fév. 2013, 4 mars 2014)*.
– **mars-avril** : Pâques; le Vendredi et le Dimanche saints sont fériés *(dates variables; 29-31 mars 2013, 18-20 avr. 2014)*.
– **25 avril** : fête de la Liberté.
– **1er Mai** : fête du Travail.
– **10 juin** : fête du Portugal, de Camões et des communautés portugaises.
– **1er juillet** : fête de Madère.
– **15 août** : Assomption.
– **8 décembre** : Immaculée Conception.
– **25 décembre** : Noël.
– **26 décembre** : día de San Esteban (saint Étienne).

Langue

Relativement facile à comprendre à l'écrit, au moins pour ceux qui ont des notions d'espagnol, le portugais s'avère autrement plus ardu à saisir à l'oral.

Cette langue chuintante, qui escamote allègrement les finales, se double à Madère d'un accent local prononcé qui ne facilite pas les choses. Mais pas d'inquiétude : la grande majorité des Madériens, jeunes ou anciens, nourrie d'une solide tradition d'émigration outre-mer, parle un anglais très correct, y compris dans les campagnes. Il n'est pas rare non plus de croiser des Madériens ayant vécu en France.

Location de véhicule

Les transports en commun sont lents et peu fréquents *(voir p. 13)*. Un véhicule particulier s'impose pour visiter l'île en un temps limité.

Réseau routier

Étroites, pentues et sinueuses, les routes anciennes serpentent à flanc de montagne ; elle sont doublées de *vias rápidas* et de *vias expresso*, grands axes rectilignes alternant ponts et tunnels sur tout le pourtour de l'île. Anciennes ou nouvelles, les routes sont dans l'ensemble propres et bien entretenues.

Moto

Les loueurs tiennent boutique à Funchal et Porto Santo. Comptez de 25 à 30 €/j pour un scooter de 50 à 125 cc ou une moto ; tarifs dégressifs sur des formules de 3 ou 7 jours.

Voiture

Vous en louerez à Funchal, à Porto Santo et dans les aéroports. Comptez de 30 à 45 €/j pour une voiture de catégorie A (type Seat) et 60 €/j pour une berline plus confortable (donnés à titre indicatif, ces tarifs peuvent monter sensiblement en haute saison). Les enseignes internationales présentes dans les aéroports sont souvent les seules ouvertes le sam. apr.-midi et le dim.

Stationnement

Il est souvent difficile de trouver à se garer dans les rues étroites et encombrées des villes. Vous trouverez des parkings payants *(de 0,45 € à 1,80 €/h env.)* et des emplacements de parcmètre, signalés par un marquage bleu au sol.

Parc thématique

Sur la côte nord, près de Santana, un complexe d'attractions consacre quatre pavillons multimédias à la sensibilisation à l'environnement, l'histoire et la culture de Madère, la présentation de l'archipel et les parcours des *levadas*. Maisons traditionnelles, activités et modes de transport d'antan sont à découvrir au fil du parcours dans un vaste parc-jardin. Une manière ludique de faire connaissance avec la culture madérienne si vous voyagez avec des enfants.

Parque temático da Madeira – Estrada Regional 101 - Fonte da Pedra - Santana - ✆ 291 57 04 10 - www.parquetematicodamadeira.pt.

Plages

À Madère, on pose sa serviette sur le sable noir de Praínha, près de Caniçal, ou sur le sable doré (importé du Sahara en 2008) de Machico, à l'est de Funchal ; les plages de gros galets de Praia Formosa (près de Funchal), de Ribeira Brava et

Le Guide Vert MICHELIN
Le guide qui emmène les curieux plus loin !
LE GUIDE VERT
LE GUIDE VERT
ALPES DU SUD
NORMANDIE VALLÉE DE LA SEINE
BARCELONE ET LA CATALOGNE
SICILE
FLORIDE
MICHELIN
Une meilleure façon d'avancer

de Ponta do Sol sont moins tentantes. Si beaucoup de villages côtiers ont ménagé des espaces baignade (souvent une avancée bétonnée dans l'Océan), Madère reste pauvre en « vraies » plages où il fait bon lézarder. Les amateurs de bains de mer apprécieront les **piscines naturelles** de Porto Moniz *(voir p. 86)*, Ponta Delgada ou Ribeira do Faial. En revanche, **Porto Santo** possède l'une des plus belles plages du Portugal : 8 km de sable blond et une température idéale la majeure partie de l'année (un peu fraîche en hiver).
Quelques spots de windsurf, de kitesurf et de plongée ponctuent les côtes, notamment au sud : *voir notre sélection d'adresses dans la rubrique « Sports et loisirs », p. 40.*

Poste

Les principales localités comptent un bureau de poste *(oficina do correio)*, généralement ouvert du lun. au vend. de 8h30 à 18h30, le sam. de 9h à 13h. Les timbres *(selos - 0,68 €)* se vendent dans les bureaux de poste et les boutiques de souvenirs et cartes postales *(postais)*. Comptez 5 jours pour que votre missive parvienne à son destinataire sur le continent ; mieux vaut la poster à Funchal.
Oficina do Correio do Funchal – Av. Zarco 9 - ✆ 291 20 28 30 - lun.-vend. 8h30-20h, sam. 9h-13h.

Pourboire

Il est d'usage de laisser quelques pièces au café et au restaurant (env. 10 % de la note) ainsi qu'à votre chauffeur de taxi.

Presse

Les deux principaux quotidiens de l'archipel, consultables en ligne, *Jornal da Madeira (http://online.jornaldamadeira.pt)* et *Diario de Noticias da Madeira (www.dnoticias.pt)*, traitent surtout de l'actualité locale dans la région autonome. Pour la presse internationale, les grands titres anglais et allemands s'affichent à la devanture des kiosques.

Randonnée

C'est souvent la première motivation d'un voyage à Madère, fière de son réseau de 1 400 km de *levadas (voir p. 110)* et de ses *veredas* (sentiers) courant à flanc de montagne ou dans la forêt, comme autour du pico Ruivo ou du col d'Encumeada.

Les levadas en pratique
Ces chemins se classent en plusieurs niveaux de difficulté prenant en compte le dénivelé, la nature du sol, la largeur du sentier, la présence de tunnels, la longueur du parcours, les risques de vertige, etc. Une trentaine d'itinéraires de petite randonnée (PR) sont répertoriés et balisés ; sur les plus empruntés, les passages vertigineux sont sécurisés par des filins d'acier. Deux ouvrages, disponibles dans les librairies de Funchal et traduits en français, en donnent une description détaillée : le guide de Rolf Goetz, *Les Plus Belles Randonnées de levada et de montagne*, éd. Rother, 2012 (6e éd.), et celui du géographe Raimundo Quintal, *Levadas et Sentiers de Madère*

(éd. Francisco Ribeiro, 1999 - mises à jour régulières) qui décrit 50 parcours pédestres, dont deux à Porto Santo.

À ne pas oublier

Il n'y a ni cafétéria ni toilettes sur les *levadas*, dont certaines ne traversent pas de villages ; prenez vos précautions et ayez toujours sur vous de l'eau et quelques provisions. À ne pas oublier non plus : lampe de poche pour les tunnels (à la voûte parfois très basse), coupe-vent pour les balades en altitude (temps changeant), bonnes chaussures (sol parfois glissant) et protection solaire. Sachez enfin que les *levadas* les plus courues sont aussi des buts de pique-nique très prisés : en haute saison, allez-y tôt le matin ou en fin d'après-midi pour les apprécier au calme.

Pour en savoir plus, lire « Les levadas », p. 110, et consulter les sites Internet indiqués p. 5.

Restauration

Repas et horaires

Si les grands hôtels proposent des buffets, ailleurs, le *pequeno almoço* (petit-déjeuner) inclus dans le prix de la chambre se limite souvent à une corbeille de pain accompagnée de jambon et de fromage industriels. L'*almoço* (déjeuner) se prend vers 13h et le *jantar* (dîner) entre 19h et 22h. En cas de petite faim entre les deux, on trouvera des *bolos do caco (voir p. 118)* fourrée à la morue ou à la viande, des omelettes et des salades dans la plupart des bars de village.
De nombreux restaurants ferment entre 16h et 19h, et au moins un jour par semaine.

Comprendre la carte et les tarifs

Dans les établissements populaires, deux prix différents sont affichés pour le même plat : l'un concerne la **demi-portion** *(meia dose)*, déjà bien copieuse, et l'autre la **portion** entière *(dose)*, qui conviendra largement pour deux personnes.
Pour les poissons, les tarifs peuvent indiquer le prix au kilo.
En théorie, les amuse-gueules *(petiscos)* déposés sur votre table en début de repas ne vous sont facturés que si vous y avez touché. Les restaurants touristiques, eux, les facturent d'office, parfois au prix fort : si vous n'en voulez pas, refusez-les dès que le serveur les apporte… et vérifiez votre addition. Certains établissements facturent le beurre, plus rarement le pain et le couvert. Quant à l'eau, même si celle du robinet est potable, on ne vous servira que de l'eau en bouteille.

Voir aussi la rubrique « Pourboire », ci-contre. Pour les spécialités de la cuisine madéroise, voir « La gastronomie », p. 118.

Vous retrouverez notre sélection d'adresses dans la rubrique « Se restaurer », p. 27. Vous les localiserez sur le plan de Funchal p. 50 et sur le plan détachable à l'intérieur de la couverture où elles sont repérables grâce à des pastilles numérotées (ex. 1).

Santé

Aucun vaccin n'est éxigé pour se rendre à Madère. Pour plus d'informations, consultez le site : www.diplomatie-gouv.fr

Sécurité

Aucun problème particulier à Madère dont on vous vantera volontiers l'absence de criminalité. Ce qui n'empêche pas les réflexes de bon sens valables partout : ne rien laisser d'apparent dans la voiture, déposer ses objets de valeurs au coffre-fort de l'hôtel...

Tabac

Il est interdit de fumer dans les lieux publics fermés (restaurants, cafés) ainsi que dans certains hôtels (sauf sur le balcon).

Taxis

Taxis – On trouve facilement des taxis, repérables à leur couleur jaune, à Funchal et dans la plupart des bourgs. La prise en charge varie entre 2 € et 2,40 € ; comptez ensuite 0,63 €/km. Prix majorés de 20 % de 22h à 7h, le w.-end et les j. fériés. Tarifs forfaitaires pour certains trajets en dehors de Funchal.
Les sentiers de randonnée décrivant rarement une boucle, le taxi est une bonne option pour les marcheurs.
Quelques contacts de **radio-taxis** à titre indicatif :
À Funchal – ☏ 291 76 57 60.
À Porto Santo – ☏ 291 98 23 34.
Pour les liaisons aéroport, voir « Arriver à Madère », p. 1. Pour la découverte de l'île en taxi, voir « Visites et excursions », p. 14.

Téléphone

À Madère comme à Porto Santo, les n^os de téléphone fixe commencent par 291, les n^os de portable par 900 (915, 926, etc.). Ils ont neuf chiffres dans les deux cas.

De l'étranger
Pour joindre un correspondant à Madère depuis l'Europe ou le Canada, composez le 00 351 suivi des 9 chiffres de votre numéro.

Depuis Madère
Composez le 00 suivi de l'indicatif international du pays (France 33 ; Belgique 32 ; Luxembourg 352 ; Suisse 41 ; Canada 1) puis du n° du correspondant sans le 0 initial.

Cabines téléphoniques
Vous trouverez des cabines publiques en ville et dans presque tous les villages. Elles fonctionnent avec des cartes à 3, 6 et 9 € (5 et 10 € pour la carte Hello PT) vendues dans les bureaux de tabac et chez les marchands de journaux. Quelques-unes prennent encore les pièces (0,10 €, 0,20 €, 0,50 €, 1 et 2 €). Pour appeler la France, comptez 0,08 €/mn avec Hello PT, 0,20 €/mn avec PT Card.

Votre portable à Madère
Avec un téléphone débloqué, vous pourrez acheter auprès d'un des opérateurs locaux (Vodaphone, TMN) une puce vous donnant un n° de téléphone portugais puis des recharges à partir de 5 €.

Toilettes

Vous trouverez des toilettes publiques *(casa de banho)*, relativement propres et gratuites, dans toutes les localités, souvent près de l'église, de la mairie ou des espaces verts. Autrement, restaurants, cafés et musées se trouveront opportunément sur votre chemin. En revanche, pas de toilettes sur les chemins de randonnée !

Transports en commun

Quatre compagnies de **bus** se partagent la desserte de Madère. Vous les attraperez à la gare routière *(terminais de autocarros)* ou aux arrêts *(paragem)*. Sauf exception (kiosques de Rodoeste à Funchal), les tickets s'achètent à bord, à l'unité. Peu fréquents (4 à 5 bus/j. pour les localités de taille moyenne, 1 à 2 pour les plus petits villages, et service restreint le w.-end), ils sont aussi très chronophages car ils empruntent plus souvent les anciennes routes que les voies express ; ainsi, un « Funchal-Ponta do Pargo » *(52 km)* qui vous demanderait 1h en voiture vous prendra, en bus, entre 2h30 et 4h selon la route suivie. Idéal pour admirer les paysages de l'île, beaucoup moins si vous avez un programme d'activités chargé ! La plupart des lignes font un arrêt sur l'avenida do Mar, à Funchal. Horaires disponibles sur le site Internet de chaque compagnie :

Horários do Funchal – ✆ *291 70 55 59 - www.horariosdofunchal.pt*. Trajets urbains, circuits touristiques autour de Funchal (Jardin botanique, Monte, Curral das Freiras), centre (Ribeiro Frio) et côte nord (de Porto da Cruz à Arco de São Jorge).

Rodoeste – ✆ *291 22 01 48 - www.rodoeste.pt*. Dessert l'ouest de l'île (Câmara de Lobos, Ribeira Brava, Calheta, Prazeres, Ponta do Pargo), la côte nord de Porto Moniz à São Vicente et Arco de São Jorge, ainsi que les localités situées sur la ER 104 (Serra de Água, Encumeada).

SAM – ✆ *291 20 11 51 - www.sam.pt.* Dessert l'est de l'île (Santa Cruz et l'aéroport, Machico, Caniço, Santo da Serra) et quelques localités au nord (Porto da Cruz, Faial). *Pour rejoindre l'aéroport, voir « Arriver à Madère », p. 1.*

Empresa dos Autocarros do Caniço – ✆ *291 22 25 58 - www.eacl.pt.* Surtout utile pour rejoindre Caniço.

Liaisons avec Porto Santo

Bateau – En haute saison, le ferry *Lobo marinho* assure un AR/j. entre Funchal et Porto Santo (2h30 de traversée). En hiver, pas de ferry le mardi. Les horaires changent chaque mois. Selon la saison, comptez de 28 € à 33 € AS. Les billets s'achètent dans les agences ou au port 1h avant le départ. À Porto Santo, un bus effectue la liaison entre le port et le centre de Vila Baleira à chaque arrivée/départ de ferry (1,55 €).

Porto Santo Line – *Avenida do Mar 22 - Funchal -* ✆ *291 21 03 00 - www.portosantoline.pt.*

Avion – Trois vols AR/j. entre les aéroports de Funchal et de Porto Santo (compagnie SATA). Comptez env. 60 € pour un trajet de 20mn. **SATA** – ✆ *291 52 03 20 - www.sata.pt.*

Visites et excursions

Tarifs

Les entrées des sites et des musées publics tournent autour de 3 €, celles des sites privés autour de 10 €. Enfants et adolescents bénéficient généralement de 50 % de réduction, tout comme (mais c'est moins fréquent) les plus de 65 ans.

Bus panoramique

Deux compagnies proposent des visites touristiques de Funchal et de ses environs, jusqu'à Câmara de Lobos. *Dép. de l'Avenida do Mar - billet (12 €) valable 24h en hop-on, hop-off.*

Yellowbus – ✆ *291 21 03 00 - www.yellowbustours.com - 9h-18h - ttes les 20mn.*

City Sight Seeing Portugal – ✆ *291 60 30 85 - www.city-sightseeing.com - 9h30-17h (19h en été) - ttes les 30mn.*

Moinho Rent a Car – ✆ *291 98 27 80/24 03 - 7,50 € - dép. du bus tlj à 14h15 au centre de Vila Baleira, près de la station-service Galp.* Le bus panoramique de l'île de Porto Santo effectue le tour de l'île en 2h en passant par Calheta et Fonte de Areira.

Tours de Madère

Les agences de voyages de la Estrada Monumental (zone hôtelière) proposent des excursions d'une journée en minibus aux quatre coins de l'île. Les programmes diffèrent peu de l'une à l'autre ; comparez les prix et les offres promotionnelles.

En taxi

À trois ou quatre, visiter l'île en taxi peut devenir une formule intéressante. Des programmes de 2h à 7h avec une grille tarifaire fixe (autour de 20 €/h) sont disponibles dans les taxis, aux arrêts principaux (notamment en face du Jardim de São Francisco, à Funchal) et à l'office de tourisme. À titre indicatif, comptez 45 € pour un programme Funchal/Pico dos Barcelos/Eira do Serrado/Curral das Freiras/retour à Funchal.

Voir aussi la rubrique « Taxis », p. 12.

Agenda culturel

Plutôt culturelles dans la principale ville de l'île, avec des festivals de musique et de cinéma, plutôt religieuses ou liées au cycle des saisons et aux récoltes dans le reste de l'île, les célébrations prennent à Madère des visages variés.

Pour connaître l'agenda du moment, connectez-vous sur http://cultura.madeira-edu.pt.

Rendez-vous annuels

JANVIER

➔**El Cantar os Reis** *(le Chant des Rois)* – Funchal, Ribeira Brava, Câmara de Lobos, les 5 et 6 janv. Concerts en plein air.

➔**Festividad de Santo Amaro** *(fête de saint Amaro)* – Santa Cruz, le 15 janv. Pour cette fête patronale, la ville se couvre de stands de nourriture. Le soir, procession aux bougies vers l'église.

FÉVRIER

➔**Festa dos compadres** *(fête des Compères)* – Santana, dates variables (en 2013, les 9, 11, 12 et 16 fév.). Début des festivités du Carnaval avec défilé en musique et stands de dégustation.

➔**Carnaval de Madère** – Funchal et les principales localités, dates variables (en 2013, 6-13 fév. ; en 2014, 26 fév.-5 mars). Du samedi matin (grand cortège allégorique et défilé des meilleurs groupes de samba ; le 9 fév. 2013, le 1er mars 2014) au mardi de Carnaval (Cortejo Trapalhão, cortège satirique moquant les politiques locaux ; le 12 fév. 2013, le 4 mars 2014), c'est l'événement festif le plus important de l'île.

AVRIL

➔**Reid's Palace Classic Auto Show** – Funchal, dates variables. Des automobiles anciennes sont exposées sur la Estrada Monumental.

MAI

➔**Rencontres philharmoniques régionales** – Ribeira Brava, dates variables (en 2013, le 12 mai). Concerts classiques.

➔**Fête des Fleurs** – Funchal, 2 semaines après Pâques (en 2013, 9-15 mai ; en 2014, 1er-7 mai). Tapis floraux dans les rues, cortège de chars fleuris, groupes folkloriques et concerts.

➔**Fête du Citron** – Ilha, 11-13 mai. Cette localité voisine de Santana produit la moitié des citrons de l'île. Pour l'occasion, dégustations et festa do Despique, un concours de chant improvisé avec instruments traditionnels.

➔**Festas da Sé** *(Fêtes de la cathédrale)* – Funchal, 25 mai-3 juin. Des groupes de cuivres animent les rues entourant la cathédrale, les restaurants y servent une cuisine traditionnelle.

JUIN

➔**Festival de musique de Madère** – Funchal et Calheta, dates variables (en 2013, 7-16 juin). Concerts philharmoniques au Palácio de São Lourenço, au Teatro Municipal Baltazar

Dias et dans plusieurs églises de Funchal ainsi qu'à la Casa das Mudas de Calheta.

➔**Festival des racines de l'Atlantique** *(www.festivalatlantico.com)* – Funchal et Calheta, tous les sam. de juin. Superbes feux d'artifice musicaux (concours pyrotechnique international).

➔**Rallye classique de Madère** – Dernière sem. de juin. Des voitures d'époque font le tour de l'île par les anciennes routes durant quatre jours.

JUILLET

➔**Festival de Jazz de Funchal** *(www.funchaljazzfestival.com)* – Funchal, dates variables (en 2013, du 4 au 6 juil.). *Jams sessions* dans les jardins du parc Santa Catarina, de la Quinta Magnolia et sur la terrasse de l'hôtel The Vine *(voir « Se restaurer », Uva, p. 28).*

AOÛT

➔**Rali Vinho da Madeira** *(Championnat européen de rallye - www.ralivm.com)* – dates variables (en 2013, 1-3 août, à confirmer). Des bolides rivalisent d'adresse sur les routes les plus techniques de l'île.

➔**Festival d'orgue de Madère** – Funchal et Machico, dates variables (en 2013, du 18 au 28 août). Récitals de musique sacrée, notamment au couvent de Santa Clara et à l'église du Colégio.

➔**Monte Festival** – Monte, le 15 août. Les rues et l'église sont fleuries pour la procession mariale. Réjouissances en musique et stands de produits locaux.

➔**Fête des Vendanges** – Porto Santo, 23 et 24 août. Présentation des cépages de l'île et dégustations sur le largo das Palmeiras.

SEPTEMBRE

➔**Festival du vin de Madère** – Câmara de Lobos, fin août-déb. sept. Danses et musique folkloriques pour la saison des vendanges. Défilé des vendangeurs et foulage des raisins aux pieds ouvrent les festivités à Estreito de Câmara de Lobos.

➔**Fête de Christophe Colomb** – Vila Baleira (Porto Santo), 18-20 sept. Concerts de rue, défilés et expositions sur le thème des Grandes Découvertes célèbrent le navigateur.

➔**Mostra da Sidra** *(fête du Cidre)* – Santo da Serra, 22-23 sept. Musique traditionnelle et stands de dégustation.

OCTOBRE

➔**Fête de la Pomme** – Camacha, du 12 au 14 oct. Si vous avez manqué celles de septembre, voilà de quoi vous rattraper !

NOVEMBRE

➔**Festa da Castanha** *(Festival de la châtaigne)* – Curral das Freiras, le 1er nov.
La principale production de la région a elle aussi sa fête, occasion de découvrir liqueur, soupes, gâteaux et autres préparations à base de châtaigne.

➔**Funchal International Film Festival** – Funchal, dates variables (en 2013, 9-16 nov. ; en 2014, 8-15 nov.). Les films en compétition, courts métrages et documentaires, sont projetés au Teatro Municipal Baltazar Dias.

DÉCEMBRE

➔**Nouvel An** – Funchal, le 31 déc. La ville et sa baie s'embrasent d'un somptueux feu d'artifice.

Sur la terrasse du Reid's Palace, pause à l'ombre d'un dragonnier.

Ulli Seer/Look/Photononstop

Nos adresses

Se loger

Le choix de votre lieu de séjour dépendra de votre programme d'activités. En dehors de Funchal, un véhicule est indispensable, à moins d'opter pour un hôtel entièrement orienté sport et nature (notamment dans le centre de l'île) qui se chargera de vos transferts vers l'aéroport, les sentiers de randonnée, etc.
Les tarifs sont relativement stables : comptez 5 à 10 € de majoration par nuit en été.

Voir aussi la rubrique « Hébergement », dans « Destination Madère », p. 6.

Les adresses que nous avons sélectionnées sont positionnées sur le plan de Funchal p. 50-51 ou sur le plan détachable à l'intérieur de la couverture ; elles sont repérables grâce à des pastilles numérotées (ex. 1). Les coordonnées en rouge dans le texte font référence au plan de Funchal ou au plan détachable.

Funchal

JUSQU'À 45 €

1 **Residencial Colombo** – B2 - *R. Carreira 182 - ✆ 291 22 52 31 - www.residencias-colombo.pt - 60 ch. 40/45 €*. Cet édifice moderne du centre-ville s'agrémente d'un solarium sur le toit où l'on prend le petit-déjeuner. En plus des chambres (préférez celles du bâtiment principal, plus spacieuses que celles de l'annexe), l'établissement propose des studettes dotées d'un bloc-cuisine et bénéficiant d'une petite terrasse.

2 **Residencial Americana** – C1 - *Largo do Chafariz 20 - ✆ 291 21 53 60 - www.hoteltropical.com.pt - 10 ch. 35 €.* Dans un immeuble ancien à deux pas de la cathédrale, voici une pension impeccable dont l'accueil souriant fait oublier les quelques petites imperfections comme la minuscule soupente transformée en salle de petit-déjeuner. Les chambres au parquet ancien, sommairement meublées, disposent pour certaines d'un balcon. N'hésitez pas à sonner si vous trouvez porte close : la réception se partage entre deux hôtels.

3 **Apartamentos Turísticos São Paulo e Alegria** – A1 - *R. Pimenta Aguiar 2 - ✆ 291 74 19 31 - www.apartamentossaopauloealegria.com - 19 ch. 37,50/50 €*. Répartis dans deux immeubles voisins en plein cœur de Funchal, tout près du centre commercial Dolce Vita, ces studios avec cuisine équipée sont confortables et très propres (TV écran plat, Wifi). Certains sont pourvus d'un balcon.

DE 50 À 70 €

4 **Hotel Madeira** – B2 - *R. Ivens 21 - ✆ 291 23 00 71 - www.hotelmadeira.com - 53 ch. 66 €*. Un hôtel calme et bien tenu qui donne sur le jardin de São Francisco. Les chambres disposent de minuscules terrasses et une piscine a été aménagée sur le toit, avec vue sur la ville. Propre, confortable mais sans grande personnalité, l'endroit vaut surtout pour sa situation on ne peut plus centrale.

L'hôtel Quinta do Furão, une halte de charme sur la côte nord.

À PARTIR DE 250 €

5 Reid's Palace – **hors plan par B2** - *Estrada Monumental 139 - ☏ 291 71 71 71 - www.reidspalace.com - 🏊 🅿 - 163 ch. 275/360 € ☕ - rest. env. 60 €.* Tout le confort et le luxe d'un palace centenaire à la réputation bien établie, dont les terrasses font face au large. Situé sur une falaise, au cœur de 10 hectares de jardins luxuriants surplombant l'Atlantique, cet hôtel 5 étoiles bénéficie d'un spa en bord de mer, de trois piscines et d'un accès direct à l'Océan. Avec leurs tons crème, leurs meubles anciens et leurs sdb de marbre, les chambres revêtent un cachet indéniable ; certaines bénéficient d'une vue imprenable sur la baie et le port. Élégance et créativité sont les maîtres mots du restaurant gastronomique.

Autour de Funchal

DE 50 À 70 €

10 Quinta da Fonte – **Plan détachable E7** - *Estrada dos Marmeleiros 89 - ☏ 291 23 53 97 - www.villasmadeira.com - 🅿 - 3 ch. - 70 € ☕.* Entre Funchal et Monte, cette villa familiale construite en 1850 jouit d'une belle vue panoramique sur la ville et sa baie. La maison décorée de meubles anciens de valeur ainsi que l'accueil chaleureux des propriétaires illustrent l'art de vivre à Madère. Jardin soigné, salon TV commun, belle terrasse à disposition des hôtes et copieux petits-déjeuners. Les bus desservant Monte marquent un arrêt à la porte de la demeure.

L'est de l'île

JUSQU'À 45 €

20 Residencial O Facho – **Plan détachable G6** - *Praceta 25 de Abril - Machico - ☏ 291 61 35 52 - 🅿 - 12 ch. 35 € ☕ - rest. 17/22 €.* Dans le centre-ville, à deux rues de la plage, cette petite pension de famille à l'accueil avenant propose des chambres modestes dont on apprécie les grands balcons sur la mer. Une adresse 100 % portugaise et un zeste d'ambiance années 1970 pour un excellent rapport qualité-prix. Au bar-restaurant du rdc, on pourra se connecter à Internet.

21 Estalagem Relógio – **Plan détachable F6** - *Largo Conselheiro Aires de Ornelas 12 - Camacha - ☏ 291 92 27 77 - fax 291 92 24 15 - 🅿 - 24 ch. 40 € ☕ - rest. 15/20 €.* Situé sur le belvédère de ce bourg montagnard, l'hôtel jouit d'un panorama exceptionnel et ses chambres, toutes pourvues d'un balcon, ouvrent sur la baie de Funchal et les îles Desertas au large. Voilà qui fait vite oublier le petit côté vieillot de la déco beige et bordeaux ! Wifi en face de l'hôtel, restaurant panoramique *(12h-16h et 19h-23h)*. Un bon point de départ pour la levada dos Tornos, qui passe tout près.

À PARTIR DE 80 €

22 Inn & Art Madeira – **Plan détachable F7** - *R. Robert Baden Powell 61/62 - Caniço de Baixo - ☏ 291 93 82 00 - www.innart.com - 9 ch. et 10 appart. - env. 80 € ☕ - rest. 24/33 €.* À 2 km du centre-bourg, en bordure de la zone hôtelière, le Inn & Art allie une partie hôtel sur une falaise de 60 m de hauteur, face aux îles Desertas, et un ensemble d'appartements en duplex se partageant une petite piscine. L'accueil personnalisé et souriant, la petite taille des lieux et les couleurs gaies des chambres contribuent à en faire une halte agréable. Réductions importantes sur le site Internet. Les plages de Caniço se trouvent à quelques minutes à pied.

23 **Hotel Royal Orchid**– **Plan détachable F7** - *Travessa Vista da Praia - Caniço de Baixo - ✆ 291 93 46 00 - www. hotelroyalorchid.com - - 98 ch. 90/140 €* . Au cœur de la zone hôtelière de Caniço, sa haute silhouette blanche et bleue surplombe la mer. Grandes, climatisées, particulièrement lumineuses, dotées d'un coin salon et d'une petite terrasse sur le large, les chambres s'avèrent plaisantes malgré leur mobilier en formica et leur coin cuisine un rien daté. Petite piscine, spa, club de plongée, salle de gym et musique live au bar, Wifi dans le lobby. Le quartier est desservi par les bus urbains de Funchal.

Le nord de l'île

DE 50 À 65 €

30 **O Colmo** – **Plan détachable E4** - *Sítio do Cerrado - sur la ER 101 à la sortie ouest de Santana - ✆ 291 57 02 90 - www.hotelocolmo.com - - 50 ch. - 50 € - rest. 25/35 €.* Cet hôtel confortable, spécialisé dans l'accueil des groupes, assure un bon rapport qualité-prix. Les chambres, toutes avec terrasse, sont spacieuses et d'une propreté irréprochable. Après une journée de randonnée, vous apprécierez le Jacuzzi, le sauna et la piscine mis à la disposition des clients. Restaurant très convenable, pour une soirée que l'on termine autour de la table de billard ou au piano-bar.

31 **Pensão Salgueiro** – **Plan détachable B3** - *Lugar do Tenente 34 - en face des piscines naturelles - Porto Moniz - ✆ 291 72 42 80 - pensaosalgueiro@live. com.pt - 18 ch. 55/65 € - rest. 20/25 €.* Des chambres toutes simples – celles avec balcon donnant sur la mer et l'ilhéu Mole sont les plus agréables –, un accueil souriant, un mobilier qui date un peu pour un séjour sans chichi à la pointe nord-ouest de l'île. Pour un modeste supplément, la suite ou l'appartement avec cuisine et terrasse sont d'un excellent rapport qualité-prix. Bar-restaurant au rdc.

DE 70 À 90 €

32 **Quinta do Arco** – **Plan détachable E4** - *Arco de São Jorge - São Jorge - ✆ 291 57 02 50 - www. quintadoarco.com - - 19 ch. 75/80 €* . Éparpillées dans un grand parc planté d'arbres fruitiers et de fleurs tropicales, ses maisonnettes individuelles en duplex, avec cuisine et salon au rdc, chambres aux meubles rustiques et sdb sous les pentes du toit, composent l'une des adresses les plus charmantes de l'île dans cette gamme de prix. Elles entourent une piscine, une salle de bibliothèque et un billard. Accès Wifi. Les hôtes ont libre accès à la roseraie *(voir p. 83)*.

À PARTIR DE 140 €

33 **Hotel Quinta do Furão** – **Plan détachable E4** - *Achada do Gramacho - entre Santana et São Jorge - ✆ 291 57*

01 00 - www.quintadofurao.com -
P *- 43 ch. 140/160 € - rest. env. 30 €.* À 2 km de Santana, la grande bâtisse jaune se dresse à l'écart de la route, côté mer, posée parmi les agapanthes et les fougères arborescentes. Confortables et cosy, les chambres bénéficient d'un balcon avec superbe vue sur la mer et les falaises ou sur la montagne et les vignobles. Sauna, salle de gym-solarium, piscine couverte vitrée, bibliothèque, billard et pub anglais concourent à faire de ce lieu une adresse parfaite pour un séjour au calme. En septembre, la Quinta organise un festival des vendanges à la manière ancienne. Une adresse de charme.

Le centre de l'île

JUSQU'À 50 €

40 Estalagem Encumeada – **Plan détachable D5** *- Feiteirais - sur la ER 104, peu avant le col d'Encumeada en venant de Serra de Água - 291 95 12 82 - www.hotelencumeada.com -* P *- 49 ch. 40 € - rest. 15/22 €.* Peu élégante, la grosse bâtisse rose tranche sur le vert des versants montagneux qui l'entourent. Ses chambres sommaires, à la moquette fatiguée mais aux vues imprenables depuis les balcons, constitueront toutefois pour les randonneurs – l'essentiel de sa clientèle – un camp de base idéal : desservie par les bus Rodoeste n°s 6 et 139, l'auberge se trouve au carrefour de nombreux sentiers pédestres. Buffet à 13,50 € midi et soir, paniers pique-nique. Wifi dans le lobby. Attention, « soirées mariage » bruyantes certains samedis.

41 Hotel Pico da Urze – **Plan détachable C5** *- Paúl da Serra - à env. 2 km de la bifurcation de Rabaçal - 291 82 01 50 - www.hotelpicodaurze.com -* P *- 27 ch. 50 € - rest. (**voir « Jungle Rain », p. 34**).* Demandez l'une des chambres du 1er étage : plus spacieuses, elles disposent d'un balcon plus grand et sont équipées d'un ordinateur. Mais n'en attendez pas de miracles : sans fioritures, elles sont tout ce qu'il y a de quelconque… Car le vrai « plus » du Pico, c'est sa situation, à proximité de quelques-unes des plus célèbres *levadas* de l'île, et la multitude d'activités qu'il organise ou coordonne : excursions, parapente, canyoning, VTT, etc., avec service de transport à la carte. L'endroit se trouve en pleine campagne, mais la salle de jeux et la bibliothèque sont là pour occuper vos soirées. Tarifs dégressifs dès la 2e nuit.

DE 70 À 90 €

42 Pousada dos Vinháticos – **Plan détachable D6** *- Serra de Água - sur la ER 104 - 291 95 23 44 - www.pousadadosvinhaticos.com -* P *- 21 ch. 78 € - rest. (**voir p. 32**).* Trois véritables minisuites décorées à l'ancienne dans le bâtiment en pierre, au-dessus de la réception, dix chambres plus classiques en retrait de la route, et huit autres façon chalet au fond du parc, avec rondins et meubles en bois blanc : voilà de quoi satisfaire toutes les envies. En prime, l'adresse offre des panoramas uniques sur les montagnes encadrant la ribeira Brava. Un ensemble soigné et de bon goût. Wifi dans le lobby.

Fenêtre sur mer à l'Estalagem da Ponta do Sol.

La côte sud-ouest

DE 50 À 70 €

50 Paúl do Mar Aparthotel – **Plan détachable B5** - *Ribeira das Galinhas - Paúl do Mar - ☎ 291 87 00 50 - www.hotelpauldomar.com - 🏊 🅿 - 60 ch. 55/62 € ☕ - rest. 15/25 €.* Tout au bout de la corniche desservant l'ancien village de pêcheurs, le bâtiment blanc et brique abrite des chambres fonctionnelles à défaut d'être chaleureuses, équipées d'un minibloc-cuisine. Les doubles sont situées aux 5e et 6e étages : grand bleu à perte de vue depuis leur terrasse. Piscines intérieures et extérieures, Jacuzzi, et la mer au pied de l'hôtel.

À PARTIR DE 120 €

51 Estalagem da Ponta do Sol – **Plan détachable C7** - *Caminho do Passo 6 - Ponta do Sol - ☎ 291 97 02 00 - www.pontadosol.com - 🏊 🅿 - 54 ch. 120-140 € ☕.* À cet hôtel d'architecture cubique perché en haut de la falaise, on accède par un ascenseur extérieur partant du village. Tous les ingrédients d'un séjour détente (sauna, Jacuzzi, espace gym, séances de yoga et de qi gong, bar mais aussi concerts) sont réunis là-haut. Une piscine à débordement entourée de transats surplombe l'Océan. Des baies vitrées ouvrant de plain-pied sur les pelouses ou sur une terrasse éclairent des chambres modernes au décor épuré.

52 Hotel Jardim Atlântico – **Plan détachable B5** - *Caminho Lombo da Rocha 1 - Prazeres - ☎ 291 82 02 21 - www.jardimatlantico.com - 🅿 - 97 ch. et appart. 132/179 € ☕ - rest. 25/30 €.* À 1 km à l'extérieur du village, l'hôtel étage ses bâtiments au bord de la falaise surplombant le petit port de Paúl do Mar, 530 m plus bas. Carrelés de tomettes, spacieux et aérés, chambres et appartements au mobilier fonctionnel sont pourvus d'une kitchenette équipée et de grandes terrasses sur la mer. Transfert à l'aéroport (28 €), épicerie et agence de location de voitures.

Porto Santo

Vous trouverez pensions et *residenciales* à Vila Baleira, hôtels de luxe et appart-hôtels sur la plage. D'une manière générale, en haute saison, les tarifs sont très surévalués pour les prestations proposées.

JUSQU'À 55 €

60 Residencial Central – **Plan détachable G2** - *R. A. Magno Vasconcelos - Vila Baleira - ☎ 291 98 31 67 - www.facebook.com/CentralPXO - 42 ch. 43/55 € ☕.* Sur les hauteurs de la ville, à 5mn à pied de la place de l'église, cet établissement fonctionnel propose des chambres sans prétention mais d'un rapport qualité-prix très correct pour Porto Santo. Huit d'entre elles, au dernier étage, disposent d'une petite terrasse.

À PARTIR DE 100 €

61 Praia Dourada – **Plan détachable G2** - *R. D. Estevão de Alencastre - Vila Baleira - ☎ 291 98 04 80 - www.portosantohotels.com - 🏊 🅿 - 100 ch. 85/110 € ☕.* En centre-ville, cette grosse bâtisse blanche aligne des chambres climatisées de taille variable pour le même prix. Pratique : commerces et restaurants sont au pied de l'hôtel, et la plage à 200 m. Petit-déj. buffet. Restaurant-bar, billard et petite piscine.

Se restaurer

Espetadas (brochettes) et *espada* (sabre) : voilà deux termes qui vous deviendront vite familiers, car ils ont les honneurs des tables madériennes. Les premières, des brochettes de viande de bœuf marinée, généralement accompagnées de cubes de maïs frit, et le second, le sabre noir ou poisson-épée, pêché en eau profonde, sont en effet au menu de tous les restaurants, des plus populaires aux plus huppés.

Voir aussi la rubrique « Restauration » dans le chapitre « Votre séjour de A à Z », p. 11 et, pour en savoir plus sur les spécialités culinaires de l'île, lire « La gastronomie », p. 118.

Les adresses que nous avons sélectionnées sont positionnées sur le plan de Funchal p. 50-51 ou sur le plan détachable à l'intérieur de la couverture ; elles sont repérables grâce à des pastilles numérotées (ex. 1). Les coordonnées en rouge dans le texte font référence au plan de Funchal ou au plan détachable.

Funchal

La plupart des restaurants touristiques se font une rude concurrence autour du largo do Corpo Santo **A2** et face à la marina **D2**. Leur cuisine est quelconque, mais leur terrasse souvent agréable.

→DÉJEUNER

JUSQU'À 25 €

1 **Jacquet** – **C2** - *R. de Santa Maria 5 - ☏ 291 22 53 44 - lun.-vend. 12h30-16h30 et 19h-22h30, sam. 12h30-16h30 - - 25 €.* Agréable surprise que ce petit restaurant, typique avec ses tables et ses bancs de bois, dans lequel le propriétaire vous invite à choisir le poisson fraîchement pêché. Celui-ci est ensuite grillé devant les convives derrière le comptoir de la cuisine. Autre spécialité de la maison : les patelles *(lapas)* frites à l'ail. Ambiance populaire garantie !

2 **O Jango** – **D2** - *R. de Santa Maria 164-166 - ☏ 291 22 12 80 - www.ojango.net - 11h-23h - env. 25 €.* Mieux vaut réserver ou arriver tôt pour trouver une place dans ce petit restaurant situé au bout de la rue piétonne : il est toujours plein, surtout le soir. La raison d'un tel succès ? Il sert des plats traditionnels savoureux et préparés avec des produits frais : brochettes, paella, *cataplana* de palourdes ou poisson grillé ou curry, que l'on déguste en salle ou en terrasse sur l'une des tables à même la rue.

→DÎNER

JUSQU'À 20 €

3 **Sabor a Fado** – **D2** - *Travessa das Torres 10 - ☏ 925 61 22 59 - 19h-2h - 15 €.* Dans ce restaurant familial, on chante le fado tous les soirs à partir de 19h30. Si les plats restent très convenables, le menu unique (soupe, *espetada* ou sabre noir et dessert) sera surtout un prétexte pour venir écouter ces airs nostalgiques chers au cœur des Portugais. L'adresse a su rester plus authentique que ses voisines dans ce quartier touristique. Service et accueil plaisants, réservation

conseillée car la salle est intime – c'est un ingrédient clef de l'ambiance *fadista*.

DE 50 À 70 €

4 Uva – **A2** - *R. dos Aranhas 27A - centre commercial Dolce Vita - dans l'hôtel The Vine - ✆ 291 00 90 00 - 7h-22h30 - env. 60 €.* Ouvert en 2009 sur le toit-terrasse de l'hôtel The Vine, cet établissement moderne a opté pour des lignes épurées et des espaces illuminés par de grands panneaux vitrés. Les tables en terrasse à côté de la piscine jouissent d'une vue… divine sur la ville et la baie. Dans l'assiette, on retrouve les classiques de la cuisine méditerranéenne mâtinés d'influences locales. Honneur au raisin *(uva)*, le chef fait un généreux usage du vin de Madère dans les accommodements des plats comme des desserts. Menus gastronomiques de dégustation à 35 et 50 €.

DE 30 € À 55 €

5 Casa Velha – **A2** - *R. Imperatriz Dona Amélia 69 - ✆ 291 20 56 00 - 12h30-15h, 19h-23h - 30/55 €.* La maison ancienne aux murs jaunes cache une adorable terrasse pavée, protégée par une tonnelle et entourée de bananiers. On y savoure les produits de la mer que décline une carte soignée. Rillettes de saumon, coquilles Saint-Jacques, langouste grillée, thermidor ou en civet y sont apprêtés avec goût. Si vous préférez le cadre classique de la salle à l'étage, venez quand il y a moins de monde car les tables manquent un peu d'intimité. La soirée se prolonge au Harry's bar, situé au rdc, où l'on pourra apprécier un madère *vintage*.

À PARTIR DE 80 €

6 Il Galo d'Oro – **hors plan par A2** - *Estrada Monumental 147 - à l'intérieur de l'hôtel The Cliff Bay - ✆ 291 70 77 00 - 19h-22h - 70/90 € - réserv. à la réception de l'hôtel.* Reconnu comme l'un des meilleurs restaurants de l'île, le « Coq d'or » cultive une atmosphère classique et feutrée, tant pour la musique que pour la salle aux tons jaune pâle et le petit salon anglais où trône un piano. Sous la houlette du chef français Benoît Shinton vous seront servies des recettes étudiées, comme ce filet de lapin sauté au bacon avec pommes Maxime à la truffe ou ce dos de cabillaud confit avec ravioli de langoustines. Outre le menu (49 €) sont proposées trois formules de dégustation à 70, 95 et 115 €. Belle carte des vins.

Autour de Funchal

➔DÉJEUNER

JUSQU'À 20 €

10 Parada dos Eucaliptos – **Plan détachable E6** - *Estrada Eira do Serrado 258 - 8 km au nord-ouest de Funchal, sur la droite en montant - ✆ 291 77 68 88 - lun.-sam. 12h-21h, dim. 12h-19h - ▭̸ - env. 15 €.* Sur la route d'Eira do Serrado, la véranda de cette modeste auberge ne paie pas de mine. Pourtant, ses *espetadas* (brochettes) de viande cuites au feu de bois ont une saveur à nulle autre pareille. Cuisine simple, délicieuse et bon marché.

DE 25 À 30 €

11 Churrascaria A Montanha – **Plan détachable F7** - *R. Conde Carvalhal 321 - près du miradouro do Pináculo, à l'est*

Au restaurant du Reid's Palace.

de Funchal - ✆ 291 79 31 82 - P - 11h-0h - 25/30 €. Immanquable, ce grand restaurant rose vif perché sur une hauteur dispose d'une terrasse avec une vue magnifique sur la baie. Il s'est forgé une réputation avec ses brochettes de viande et de poisson, grillées dans une énorme cheminée. La carte propose également les principales recettes de la cuisine traditionnelle.

➔DÎNER

DE 20 À 30 €

12 Adega da Quinta – **Plan détachable D7** - *R. José Joaquim da Costa - Estreito de Câmara de Lobos - près du centre commercial Sã - ✆ 291 91 05 30 - P - 13h30-15h, 18h30-22h - 17/32 €.* Dans un jardin soigné où l'on a conservé un antique pressoir, les « caves du domaine » ont aménagé une vaste salle vitrée dominant la vallée de Câmara de Lobos. De là, ou de l'une des tables mises en terrasse, vous profiterez d'une très jolie vue tout en savourant viandes et poissons grillés, la spécialité de la maison. Les gourmands ne sauraient résister aux plateaux de charcuterie ou de fromages régionaux. Danse folklorique le vend. à partir de 21h. En contrebas, l'esplanade panoramique du bar Palheiro da Adega vous attend *(tlj sf lun. 17h-0h)* pour une *poncha* ou une sangria.

DE 30 À 50 €

13 Bacchus – **Plan détachable D7** - *R. José Joaquim da Costa - Estreito de Câmara de Lobos - dans l'hôtel Quinta do Estreito - ✆ 291 91 05 30 - P - 12h30-15h et 19h30-22h - 30/43 €.* Service stylé et décor soigné distinguent le restaurant installé dans cette belle demeure ancienne cossue, mais aussi une carte originale où l'on trouve tartare de maquereau et poisson-perroquet à la papaye et au chutney de poivre. Menu dégustation pour deux à 35 €/pers., menu du chef à 35/45 € selon le nombre de plats choisis. À partir de 18h, le bar Vintage 1914 vous accueille à l'étage : pour finir la soirée avec une absinthe ou une liqueur dans un cadre bourgeois début 20e s.

L'est de l'île

➔DÉJEUNER

DE 15 À 30 €

20 O Casco – **Plan détachable G6** - *R. do Ribeirinho - Machico - ✆ 291 96 21 50 - 12h-23h - 15/20 €.* Une terrasse ombragée de paillotes en contrebas de la rue, une salle rustique et quelques tables sous une pergola : à vous de choisir le cadre qui vous convient pour faire honneur à une solide cuisine traditionnelle. Patelles, *cataplana* de poissons, *espada* à la banane, pudding au *maracujá*, sans oublier la *poncha* maison : que des produits locaux !
À midi, plat du jour à 6,50 €.

21 Lily's – **Plan détachable F6** - *Estrada D. Manuel I 170 - Caramanchão - ✆ 291 96 40 14 - http://restaurantelilys.com - P - tlj sf lun. 9h-22h - 15/25 €.* Sur l'ancienne route de Portela, perchée dans un virage, cette maison crépie de rose domine la vallée de Machico : une vue panoramique que l'on apprécie depuis la salle vitrée. Ce restaurant familial sert une cuisine copieuse et faite maison (ne manquez pas les pâtés de foie !), avec des ingrédients du terroir. Outre une belle sélection de pâtes fraîches, l'agneau au four et la soupe de poisson valent le détour. Le dim., menu à 14,50 €.

22 Abrigo do Pastor – **Plan détachable F7** - *Estrada das Carreiras 209 - Camacha - ✆ 291 92 20 60 - www.abrigodopastor.com - P - 9h-0h - 20/30 €.* Cet ancien refuge de chasseurs et de bergers s'est converti en un restaurant montagnard. Il n'a pas pour autant renié ses origines, et la carte, traditionnelle, laisse la part belle au gibier et au lapin, servis à la bonne franquette dans une salle qui entretient des allures rustiques.

→DÎNER

DE 15 À 30 €

23 Aquarium – **Plan détachable G6** - *R. Pedra Eira - Caniçal - ✆ 291 62 81 54 - 8h-2h - P - 12/20 €.* L'Océan y donne le ton et la couleur, depuis les baies vitrées bleues faisant face à l'Atlantique, tout près de l'ancien port, jusqu'à la carte : au programme, grillés, à la crème ou en brochettes, tous les poissons qui se pêchent ici, mais aussi des fruits de mer, patelles, moules, poulpe, crevettes ou calamar, que l'on accompagne d'un *vinho verde* du continent. Tout est d'une parfaite fraîcheur dans ce restaurant où les îliens viennent volontiers en famille. Plat du jour à 5 €.

24 A Lareira – **Plan détachable F7** - *Estrada da Ponta Oliveira 2 - Caniço centro - ✆ 291 93 44 94 - 10h-0h - 18/27 €.* Une adresse populaire et sympathique à 2 km de la zone hôtelière. Si la terrasse, donnant sur la place de l'église, pâtit parfois du bruit de la circulation, réfugiez-vous à l'intérieur pour apprécier au calme une cuisine régionale généreusement servie où, tradition oblige, le sabre noir et l'*espetada* flambée au madère occupent une place de choix. Le plat du jour, servi en formule à 6 €, varie quotidiennement.

Le nord de l'île

→DÉJEUNER

DE 15 À 30 €

30 A Chave – **Plan détachable F5** - *Sítio da Igreja - Faial - ✆ 291 57 32 62 - 9h-20h - 18/26 €.* À deux pas de l'église, son jardinet fleuri de glaïeuls, roses trémières, oiseaux de paradis, fuchsias accueille une douzaine de tables pour déjeuner face au piton rocheux de Penha de Águia, avec vue sur la mer au loin. Parmi les classiques d'une carte régionale sans prétention, essayez la truite au four. Beau choix de fruits de saison.

31 Many – **Plan détachable D4** - *Fajã da Areia - São Vicente (suivre la côtière en dir. de Ponta Delgada sur env. 1,5 km) - ✆ 291 84 22 43 - P - 11h-23h (22h le dim.) - 18/27 €.* Cette bonne adresse de cuisine régionale se tient en bord de route, à l'écart du village. Dans la salle vitrée, votre table donnera sur la mer ou sur un jardinet planté de cycas du Japon. Outre les *espetadas* cuites à la braise, le poulpe à l'oignon et le steak de thon au maïs comptent parmi les spécialités de la maison. Tous les plats sont servis avec un accompagnement de petits légumes du jardin.

32 Cachalote – **Plan détachable B3** - *R. Forte de São João Batista - Porto Moniz - ☎ 291 85 31 80 - 12h-23h - 15/20 €.* On ne peut pas dire que la bâtisse elle-même, massive et disgracieuse, s'intègre au paysage… mais sa terrasse, desservie par des passerelles enjambant les piscines naturelles, offre une belle vue sur les écueils et l'ilhéu Mole. Situé à côté de l'Aquarium, le « Cachalot » affiche une carte résolument marine et décline poissons et fruits de mer en soupes, salades, steaks et brochettes. Les sardines grillées sont un classique des déjeuners familiaux.

➔DÎNER

DE 20 À 30 €

33 Cantinho da Serra – **Plan détachable E5** - *Estrada do Pico das Pedras - ER 218 - Santana - ☎ 291 57 37 27 - P - 12h-20h - 20/25 €.* Sur les hauteurs de Santana, près de la route qui grimpe au pico das Pedras, on découvre cette demeure ancienne au bout d'une allée d'hortensias. Vous y prendrez place dans une salle classique où trône une grande cheminée ou, pour un dîner plus intime, dans l'un des trois petits salons privés. La carte met l'accent sur quelques plats nationaux fameux, venus du continent ou des anciennes colonies : *arroz de cabidela* (assiette de volaille et riz en sauce), *feijoada* (viande et haricots noirs), morue au four, agneau au vin rouge. Des recettes roboratives qui vous requinqueront après une journée de marche !

34 Quebra Mar – **Plan détachable D4** - *Sítio de Calhau - São Vicente - ☎ 291 84 23 38 - P - 12h-21h30 - 21/29 €.* Sur la plage, à côté de la chapelle de São Vicente, impossible de manquer cet édifice jaune pâle et brique. Grimpez à l'étage : le patron a fait installer sous un chapiteau, dans la salle vitrée, un plancher tournant. Pendant que l'Atlantique défile sous vos yeux, vous savourez un *porco em vinha d'alhos* (porc mariné au vinaigre et à l'ail), une *sopa de romaria* (soupe campagnarde à la viande et aux pommes de terre, assez relevée) ou partagerez une *caldeirada*, une soupe de poisson pour deux personnes. Le vin provient de la coopérative locale. Midi et soir, intéressante formule à 11,50 €. Le restaurant possède également une grande terrasse donnant sur la plage.

DE 20 À 30 €

35 Orca – **Plan détachable B3** - *R. Engenheiro Americo - Porto Moniz - ☎ 291 85 00 00 - 7h-23h30 - 20/31 €.* Sabre, thon, mérou, espadon, daurade mais aussi truite venue des élevages du centre de l'île vous seront servis grillés ou accommodés de fruits de la passion ou de banane. À la salle, sans grand cachet, préférez la terrasse tout en longueur qui surplombe les piscines naturelles de Porto Moniz. En dessert, c'est l'occasion de goûter aux *bolas de mel*, une pâtisserie confectionnée à partir de mélasse.

Le centre de l'île

➔DÉJEUNER

DE 20 À 30 €

40 Pousada dos Vinháticos – **Plan détachable D6** - *Serra de Agua - ☎ 291 95 23 44 - www.pousadadosvinhaticos.*

Posé entre les écueils, l'un des restaurants de Porto Moniz.

RESTAURANTE CACHALOTE

com - P - *12h-15h, 19h-21h - 18/30 €.* Largement ouverte sur la montagne, sa belle salle vitrée aux tomettes vernissées bénéficie d'une vue exceptionnelle. On concocte en cuisine des recettes créatives (jambon fumé aux fruits de saison, cassoulet de poulpe) ou plus traditionnelles (pâté de lapin, bananes frites au lard) qui utilisent avant tout les produits du terroir. Vous hésitez ? Optez pour la suggestion du chef *(15 €)*, chaque jour différente. En rentrant de randonnée, vous apprécierez l'*afternoon tea (15h-18h)* accompagné de gâteaux maison.

➔DÎNER

DE 20 À 30 €

41 Jungle Rain – **Plan détachable C5** - *Paúl da Serra - à côté de l'hôtel Pico de Urze (voir « Se loger », p. 24) - ✆ 291 82 01 50* - P - *lun.-vend. 19h-23h, w.-end 9h-23h - 19/31 €.* Lion, gorilles, boa et perroquets s'animent et donnent de la voix dans un décor de fausse jungle très kitsch – on s'en amuse ou on déteste ! Plus conventionnelle, la carte décline une cuisine internationale sans surprise. Pour les petites faims du midi, un espace barbecue-pizza et un snack ouvrent en journée juste à côté.

La côte sud-ouest

➔DÉJEUNER

JUSQU'À 20 €

50 Portinho – **Plan détachable B6** - *R. do Portinho 2 - Jardim do Mar - ✆ 291 82 71 35* - P - *lun.-jeu. et dim. 10h-23h, vend.-sam. 10h-23h45 - 10/18 €.* Répartis sur trois petites terrasses, les parasols colorés de ce minisnack attirent l'œil au bout de la promenade, près de l'espace baignade. On s'y attable autour d'une assiette de *lapas* (patelles), de *caramujos* (bigorneaux) ou, plus classiquement, d'un plat de poulpe grillé ou de crevettes. Jeune et dynamique, l'endroit déborde d'animation les jours de match et ne manque pas une occasion de faire la fête.

51 Chico – **Plan détachable B5** - *Sítio da Igreja - Prazeres - ✆ 291 82 28 36* - P - *tlj sf merc. 11h-22h - 15/20 €.* Les marcheurs s'arrêtent volontiers pour reprendre des forces dans ce restaurant sans prétention, opportunément situé entre la levada Calheta-Ponta do Pargo et les *veredas* descendant vers Jardim et Paúl do Mar *(voir p. 95 et 94)*. Pas de surprise côté carte où vous retrouverez viandes et poissons en brochettes, servies en portions copieuses.

➔DÎNER

DE 20 À 30 €

52 Convento das Vinhas – **Plan détachable B6** - *Sítio do Convento - Calheta - route d'Estrela - ✆ 291 82 21 64* - P - *11h-23h - 17/32 €.* Une terrasse vitrée court autour de la maison de pierres traditionnelle, à 150 m de la Casa das Mudas *(voir p. 94)* : de là, le regard plonge d'un côté sur les vignes en terrasses, de l'autre sur la plage artificielle de Calheta. Un cadre plaisant pour apprécier les classiques de l'archipel que propose la carte, une large variété de riz (aux fruits de mer, au canard, au poulpe, etc.), du lapin ou encore de la *fragateira*, la version portugaise de la bouillabaisse.

Porto Santo

➔DÉJEUNER

JUSQU'À 25 €

60 **Solar do Infante** – **Plan détachable G2** - *Av. Manuel Gregório Pestana Júnior - derrière l'office de tourisme - Vila Baleira - ✆ 291 98 52 70 - 10h-0h - 19/25 €.* Face à la jetée du centre-ville, on reste dans une ambiance marine en s'installant dans la haute salle vitrée ou sur la terrasse. Dans ce cadre moderne, très sobre, laissez-vous tenter par les spécialités (steak au poivre vert ou filet de sabre) flambées à votre table et servies en portions généreuses.

61 **Ponta da Calheta** – **Plan détachable G3** - *6 km au sud-ouest de Vila Baleira - Ponta da Calheta - ✆ 291 98 53 22 - 10h-22h30 - 12/25 €.* Isolé au bout de la plage de Porto Santo, face à l'îlot de Baixo, ce snack-restaurant exhale un vrai parfum de vacances. Sa terrasse est l'endroit idéal pour déguster un bon plat de viande ou de poisson, un riz aux fruits de mer, ou tout simplement pour prendre un verre.

➔DÎNER

DE 25 À 30 €

62 **Baiana** – **Plan détachable G2** - *R. Doutor Nuno Teixeira 7 - Vila Baleira - ✆ 291 98 46 49 - 11h-2h - env. 25 €.* Installé au pied de l'église, il dresse ses tables sur la principale place piétonne du bourg. Avant tout destinée à une clientèle touristique, la carte décline bien entendu les classiques de la cuisine madéroise, tant en viandes qu'en saveurs de la mer, mais les produits sont frais et le cadre très agréable.

63 **Pé na Água** – **Plan détachable G2** - *Sítio das Pedras Pretas - 1 km à l'ouest du centre de Vila Baleira sur la plage - ✆ 291 98 31 14 - 10h-0h - 25/30 €.* Dans cette maisonnette en bois « les pieds dans l'eau », comme le dit son nom, l'accent est mis sur la décoration. Vous savourerez des plats de viande ou de poisson joliment présentés dans une salle où se marient agréablement le rotin et l'acier brossé. De larges baies vitrées s'ouvrent sur une terrasse face à l'Océan, un enchantement à toute heure du jour et de la nuit.

Sortir, prendre un verre

Dans la vieille ville, sur le front de mer et au fil des rues piétonnes du centre, les terrasses où faire une pause et prendre un verre sont nombreuses à Funchal. Moins dans le reste de l'île, où vous trouverez bien quelques *casas de chá* (maisons de thé) mais surtout des bars de village à la portugaise, animés par la télévision. L'offre culturelle, par ailleurs assez restreinte, se concentre elle aussi dans la capitale de l'île. En dehors de Funchal, hormis lors de quelque fête populaire locale, quand le soleil se couche, tout le monde en fait autant !

Les coordonnées en rouge dans le texte font référence au plan de Funchal *p. 50-51 ou au plan détachable.*

Funchal

PAUSE GOURMANDE

Golden Gate Grand Café – B2 - *Av. Arriaga 27-29 - ✆ 291 23 43 83 - 8h30-22h.* Cet établissement qui trône sur l'avenue principale de Funchal depuis 1841 a conservé son architecture intérieure d'époque. En salle ou en terrasse, il propose un joli cadre d'inspiration coloniale pour des pauses sucrées.

Café do Teatro – B2 - *Av. Arriaga - edificio do Teatro Municipal - ✆ 291 22 63 71 - 8h-23h.* Très mode, il se repère facilement grâce à la belle façade d'azulejos du Ritz voisin. On vient y boire un verre ou y prendre un café face au jardin de São Francisco. Si vous avez un petit creux, laissez-vous tenter par sa carte de sandwiches, de viennoiseries et de salades.

Vagrant – C2 - *Av. do Mar e das Comunidades Madeirenses - ✆ 291 22 35 72 - 10h-23h.* Rescapé d'un naufrage aux Canaries, l'ancien yacht des Beatles et du chanteur Donovan fait définitivement relâche dans la rade de Funchal. Les nostalgiques viennent y prendre un verre sur fond de musique… des Beatles.

Boutique Lido – hors plan par A2 - *Estrada Monumental 296.* Incontournable pour une pause gourmande, cette boulangerie-pâtisserie du quartier des grands hôtels propose de délicieux gâteaux maison et des spécialités salées ou sucrées à déguster sans modération dans son salon de thé.

SPECTACLE

Teatro Municipal Baltazar Dias – B2 - *Av. Arriaga - ✆ 291 21 51 30.* La plupart des représentations sont en portugais, bien sûr, mais le théâtre présente aussi, parfois, des spectacles musicaux ou des projections de films. L'occasion de découvrir une très belle salle 19e s. Programme à l'office de tourisme.

Casino – A2 - *Av. do Infante - dim.-jeu. 15h-3h, vend.-sam. 16h-4h - http://casinodamadeira.com.* Dîner-spectacle du merc. au sam. à partir de 19h30 au Bahia, l'un des deux restaurants du casino dessiné par l'architecte brésilien Oscar Niemeyer. Les vend. et sam., des groupes se produisent au Palm Bar. Les noctambules invétérés prolongeront la nuit à la discothèque Copacabana, elle aussi dans le complexe du Casino.

Pour un verre les pieds dans l'Atlantique (Porto Moniz).

MUSIQUE

English Church – A1 - *R. Quebra Costas 18 - ✆ 291 22 06 74.* L'Orquestra de Bandolins da Madeira (orchestre de mandolines), fondé en 1913, y donne régulièrement des concerts de musique classique *(généralement le vend. à 21h).* Programme et billets à l'office de tourisme.

Sabor a Fado – D2 - *Travessa das Torres 10 - ✆ 925 61 22 59 - 19h-2h.* Pour un dîner fado dans une atmosphère familiale (*voir « Se restaurer », p. 27*). *Tous les soirs à partir de 19h30.*

BARS, DISCOTHÈQUE

Taverna Real – D2 - *Travessa das Torres 4-6 - ✆ 291 22 40 07 - 14h-2h (4h en fin de semaine).* Au cœur de la vieille ville, on s'installe autour de barriques tronquées pour siroter une *poncha* aux parfums exotiques (*pitanga, maracujá, mandarine*…), une *caïpirinha* ou un *mojito.*

Moynihans Irish Bar – A2 - *R. Imperatriz Dª Amélia 101 - ✆ 291 61 47 99 - lun.-mar. 18h-2h, merc.-dim. 13h-0h.* Derrière le casino, c'est le rendez-vous de prédilection des expatriés anglophones qui s'y retrouvent autour d'une pinte de Guinness pour suivre les matchs de foot sur écran géant. Plus au calme, une grande terrasse surplombe la rue. Les fans de cricket, eux, se rendront au **Prince Albert Pub**, en face *(lun.-vend. 16h-0h, w.-end 11h-0h).*

Vespas – B2 - *Av. Sá Carneiro 7 - ✆ 291 23 48 00 - www.discotecavespas.com - 22h-4h.* Cet ancien entrepôt sur les quais, face au port, accueille l'un des antres de la vie nocturne les plus anciens de Funchal. Un DJ live anime la discothèque.

La côte sud-ouest

BARS

Maktub – Plan détachable B5 - *Paúl do Mar - ✆ 915 86 08 98 - 14h-2h.* Ce bar à l'ambiance reggae-surf rassemble jeunesse locale et randonneurs au coucher de soleil. La terrasse n'étant pas assez vaste pour tout le monde, on investit le parapet du front de mer pour siroter son *mojito*, sa *caïpirinha* ou son verre de *poncha.*

O Precipicio – Plan détachable B5 - *Fajã da Ovelha - ✆ 291 87 24 25 - 10h-22h.* Perché sur la falaise, ce troquet de village offre une vue plongeante sur le village de Paúl do Mar. On y sert aussi des en-cas.

MAISON DE THÉ

Casa de Chá O Fio – Plan détachable AB4 - *Ponta do Pargo - près du miradouro - ✆ 291 88 25 25 - tlj sf lun. 11h-21h.* Pour un thé « d'herbes fraîches », une orangeade ou un café au bout de l'île, devant de spectaculaires falaises noires.

Sports et loisirs

La randonnée pédestre reste la reine des activités nature à Madère. Mais il y en a d'autres, plus aventureuses ou plus *farniente*.

Les coordonnées en rouge dans le texte font référence au plan de Funchal p. 50-51 ou au plan détachable.

Randonnée

Le réseau de chemins bordant les petits canaux d'irrigation *(levadas)* et de sentiers *(veredas)*, plus escarpés, séduit de plus en plus de randonneurs. De niveaux de difficulté variés, les parcours s'adressent à tous les publics, marcheurs « du dimanche » comme trekkeurs chevronnés. La plupart des hôtels et quelques agences à Funchal se chargeront de vous accompagner au point de départ des randonnées et/ou de venir vous chercher à l'arrivée. Vous trouverez leurs brochures et leurs tarifs à l'office du tourisme de Funchal. Pour vous faire une idée de leur offre, consultez par exemple www.madeirabluesun.com, www.madeira-levada-walks.com ou http://bynature.eu/eng/Passeios_pe_en.html.

Voir aussi « Destination Madère », p. 10, et « Les levadas », p. 110.

Sorties en mer

Bonita da Madeira – **B2** - *Marina do Funchal - ✆ 917 76 22 18 - http://bonita-da-madeira.com.* Minicroisière vers les îles Desertas avec un tour guidé sur place *(80 €/pers.)*. Sortie d'observation de baleines et de dauphins les merc. et dim. *(30 €/pers.)*.

Prazer do Mar – **B2** - *RV au restaurant Solar da Santola - marina do Funchal - ✆ 291 22 49 00 - http://madeiracatamaran.com.* Croisières de 3h en catamaran *(30 €/pers.)* vers les falaises de Cabo Girão et observation des cétacés. Si ces derniers ne sont pas au rendez-vous, un 2e voyage est offert.

Équitation

Escapada dos Cavaleiros – **Plan détachable D7** - *Caminho velho da Boca dos Namorados - Jardim da Serra - Estreito de Câmara de Lobos - ✆ 917 94 59 54 - www.escapadadoscavaleiros.com.* Randonnées équestres avec pique-nique dans la vallée de Curral das Freiras.

Hipicenter – *Sítio da Ponta (route de Calheta puis à droite, dir. Morenos) - Porto Santo - ✆ 917 98 32 58 - http://hipicenter.tripod.com.* Balades sur la plage ou grand tour de l'île de Porto Santo. *Compter env. 25 €/h.*

Canyoning

Ventura do Mar – **B2** - *Marina do Funchal - ✆ 291 28 00 33 - http://venturadomar.com.* Propose quatre parcours de canyoning d'une durée d'env. 5h chacun, avec descente en rappel dans les gorges, varappe, plongeons et nage en rivière. Une bonne forme physique s'impose. *60 €/pers., mini 3 pers.*

Vélo et VTT

À Madère, le plateau de Paúl da Serra s'y prête particulièrement ; vous pourrez louer des VTT à l'hôtel Pico da Urze *(voir p. 24)*.

Auto Acessórios Colombo – **Plan détachable G2** - *Av. Vieira de Castro 64 - sur la ER 111, à 200 m à l'ouest du centre-ville - Porto Santo - ✆ 291 98 44 38 - www.autoacessorioscolombo.com*. Loue des tandems *(5 €/h, 20 €/j)*, et des VTT *(3 €/h, 12 €/j)* pour profiter du relief relativement plat de l'île de Porto Santo et de ses *vias de velocípedes* (pistes cyclables). Également des scooters *(25 €/j)*.

Plongée

Atalaia Diving Center – **Plan détachable F7** - *Hotel Royal Orchid (voir « Se loger », p. 23) - Caniço de Baixo - ✆ 291 93 43 30 - www.atalaia-madeira.com*. Encadre des plongées jusqu'à 30 m de fond sur six spots différents, dans les eaux poissonneuses de la réserve marine de Garajau.

Porto Santo Sub – **Plan détachable G2** - *Clube Naval do Porto Santo - sur la marina - Porto Santo - ✆ 291 98 32 59 - www.portosantosub.com*. Plongées autour de l'ilhéu de Cima et sur l'épave du *Madeirense*, un cargo coulé dans la baie en l'an 2000 pour favoriser la croissance du corail. Cours et baptêmes de plongée.

Parapente

Associação de Voo Livre da Madeira – **hors plan par A2** - *Urbanização Centromar - R. Ponta da Cruz - Centro Comercial Centromar, Loja 28 - Funchal - ✆ 291 61 11 64 - www.voolivremadeira.com*. Madère vue du ciel, une expérience unique : vol en tandem au-dessus de Funchal, Calheta ou Madalena do Mar.

Windsurf et kitesurf

Clube Força 5 – **C2** - *Praia do Funchal - à côté du Vagrant - Av. do Mar - Funchal - ✆ 917 63 59 23 - www.clubef5.com*. Initiation, cours et location de matériel pour un séjour décoiffant. Le kitesurf se pratique à Praia Formosa, près de Funchal, le windsurf sur toute la côte sud, de Caniçal à Paúl do Mar.

Golf

Porto Santo Golf – **Plan détachable G2** - *Sítio das Marinhas - Porto Santo - ✆ 291 98 37 78 - www.portosantogolfe.com*. Dessiné en 2004 par le champion espagnol Severiano Ballesteros, il occupe la plaine centrale de l'île et propose deux circuits de 18 et 9 trous *(70 et 40 €)*. Leçons possibles.

Plongée en compagnie d'un mérou.

Shopping

L'essentiel des commerces se concentre à Funchal. Vous y trouverez les grandes marques européennes de prêt-à-porter *(soldes en janv. et juil.)* et les fleurons du savoir-faire madérois, vin, fleurs et broderies. Mais pas de regrets si vos randonnées ne vous laissent guère le loisir de lécher les vitrines : Madère n'est pas vraiment une destination shopping. *Les coordonnées en rouge dans le texte renvoient au plan de Funchal.*

Marché

Mercado dos Lavradores – **C2** - *Largo dos lavradores - ✆ 291 21 40 80 - lun.-jeu. 8h-19h, vend. 7h-20h et sam. 7h-14h - fermé dim. et j. fériés.* Fleurs coupées ou en pots, bulbes et graines dans le patio, épices et fruits tropicaux à l'étage, salle des poissons en bas : retrouvez toutes les couleurs de Madère dans le plus grand marché de l'île *(voir aussi p. 59)*.

Vins et spiritueux

The Old Blandy Wine Lodge – **B2** - *Av. Arriaga 28 - ✆ 291 74 01 10 - www.madeirawinecompany.com - lun.-vend. 10h-18h30, sam. 10h-13h - fermé j. fériés.* Décanteurs et carafes, vins de Madère et du continent, accessoires pour œnologues et amateurs de bon vin. Visite guidée des anciennes caves au musée attenant *(voir p. 52)*.

Broderie

Fábrica de Bordados Oliveiras – **B2** - *R. das Murças, 22 - ✆ 291 22 93 40 - www.oliveirasbordados.com.pt - lun.-vend. 10h-18h30, sam. 10h-13h - fermé j. fériés.* Cette maison qui célébrera son centenaire en 2017 prolonge la tradition madéroise de la broderie faite main et vend linge de table, vêtements pour enfants, napperons. Au-dessus de la boutique, vous pourrez jeter un œil à l'atelier de finition.

Fleurs

Jardim da Quinta da Boa Vista – **hors plan par D1** - *R. Lombo da Boa Vista - ✆ 291 22 04 68 - lun.-sam. 9h-18h - fermé j. fériés.* Vous pourrez acquérir dans ses serres des variétés originales d'orchidées et trouverez des conseils avisés pour les acclimater chez vous.

Matériel de randonnée

O Bordão – **B2** - *R. da Carreira 171 - ✆ 291 28 12 65 - www.obordao.com - lun.-sam. 9h-13h et 15h-20h - fermé j. fériés.* Amateur ou chevronné, le randonneur s'y équipera de pied en cap : bâtons de marche, chaussures, sacs, cartes, boussoles, etc.

Centre commercial

Centro Comercial Dolce Vita – **A2** - *R. Dr Brito Câmara 9 - ✆ 291 21 54 20 - www.dolcevita.pt - 9h-22h.* Du prêt-à-porter à la téléphonie et aux articles de sport, de la pharmacie au supermarché, on trouve (presque) tout sur les trois étages de ce centre commercial moderne.

Orchidées, protéas et strelitzias aux étals des fleuristes, devant la cathédrale de Funchal.

Le jardin botanique surplombant Funchal.

Neale Clark/Robert Harding Picture Library/age fotostock

Visiter Madère

Madère aujourd'hui

À près de 1 000 km de Lisbonne, au large des côtes africaines, la **« perle de l'Atlantique »** dresse sa masse volcanique au-dessus des flots. Ce fragment de Portugal au beau milieu de l'Océan comblera les amoureux de la nature : falaises abruptes, côtes déchiquetées par l'Océan et plateaux râpés par les vents dessinent à **Madère** des paysages à couper le souffle. Tapissée de fleurs, cette île verte offre au voyageur les charmes d'une végétation semi-tropicale et la douceur de son climat, égal toute l'année.

Madère, première étape sur la route des **Grandes Découvertes** portugaises, est inhabitée lorsque les hommes de l'expédition organisée par Henri le Navigateur y abordent en 1419. D'épaisses forêts en tapissent les versants abrupts : ils la baptisent « *a ilha da madeira* », « l'île boisée ». Au fil des siècles qui suivront, cette terre inhospitalière va être façonnée par ses colons, nivelée de terrasses, sillonnée de canaux d'irrigation, percée de tunnels. Le travail à effectuer est pharaonique, tant pour dégager des surfaces cultivables que pour relier entre elles les vallées de l'île, et se poursuit jusqu'à nos jours.

Madère est une île de petite taille : la route côtière en fait le tour en 175 km – moins de quatre heures en voiture en alternant voies rapides et *estradas regionales*, les anciennes routes. Mais son **visage actuel** est tout récent : c'est à partir des années 1960 seulement que le réseau routier sera suffisamment développé pour mettre Funchal à moins d'une journée de Porto Moniz, l'autre bout de l'île… à moins de 60 km. Jusque-là, nombre de villages côtiers restaient isolés sur de minces bandes de terres au pied des falaises : pour les rejoindre, point d'autre solution que les barques des pêcheurs, ou de rudes ascensions par les *veredas*, ces raides sentiers zigzaguant à flanc de montagne.

Encore aujourd'hui, le cœur de l'île vit au **rythme des récoltes**. Fête de la châtaigne, de la poire, du cidre ou de la patelle : chaque village célèbre sa spécialité à la fin de la saison, tandis que les fêtes religieuses ponctuent une vie quotidienne immuable. Deux fois l'an, fin décembre et fin juin, des feux d'artifice musicaux illuminent la baie de Funchal. Autres moments forts du calendrier madérien, le Carnaval et la fête des Fleurs animent et colorent les rues de Funchal à la fin de l'hiver et au printemps.

Dans cette île longtemps si ardue à traverser, rien d'étonnant à ce que **Funchal**, la capitale, concentre la moitié de la population et la quasi-totalité des administrations, des commerces et des services. Son patrimoine architectural, autour de la Sé (cathédrale), témoigne des industries qui firent le succès économique de l'île au 19e et au 20e s., vin et broderie en tête. Aujourd'hui, il fait bon flâner dans les ruelles pavées de cette ville au charme suranné. Le soir, des accents de fado se font entendre dans les rues piétonnes de la vieille ville, à l'est.

Reliées à la capitale par un téléphérique, les **hauteurs de Funchal** accueillent de riches *quintas* entourées de parcs et de jardins, véritables conservatoires de botanique où se côtoient plantes endémiques de l'île et essences tropicales.

Plus à l'**est**, la côte est lotie d'ensembles résidentiels ; elle accueille le complexe portuaire de Caniçal, où la pêche au thon n'a pas encore fait oublier les chasses à la baleine que l'on menait jusque dans les années 1980. Les reliefs arides et tourmentés de la Ponta de São Lourenço terminent la partie orientale de l'île. Au large, la vue porte jusqu'aux bien nommées **îles Désertes** (ilhas Desertas) où les derniers phoques moines ont trouvé un sanctuaire.

Sauvage et verdoyante, la **côte nord** de Madère voit se succéder de minuscules villages côtiers aux jardins fleuris, blottis autour de leur église au clocher carré. Ils sont reliés entre eux par une spectaculaire route en corniche, creusée à même la falaise. Autour de Santana, des forêts laurifères échappées de l'âge tertiaire parent d'un luxuriant manteau de verdure les premiers contreforts de la montagne.

Le **centre de l'île**, très peu habité, est hérissé de pics tutoyant les nuages à 1 800 m d'altitude, séparés par des vallées encaissées qu'arrosent torrents et cascades. Le relief s'aplanit sur le haut plateau venté de Paúl da Serra, où les vaches viennent pâturer parmi les fougères et les genêts.

Au **sud**, les *poios*, ces petites terrasses qui sculptent la montagne, sont plantés tantôt de bananes, tantôt de vignes, les deux cultures phares de l'île au 21e s.

Partout, couvrant l'île d'un bout à l'autre, des **levadas** courent à flanc de montagne pour conduire l'eau des sommets jusqu'aux terrasses et aux jardins. Avec 1 400 km de canaux, ce formidable réseau d'irrigation fait le bonheur des marcheurs, randonneurs aguerris ou simples promeneurs : les sentiers longeant chaque *levada* offrent en effet la plus belle manière de découvrir ce « jardin flottant » qu'est Madère.

Mais un bref séjour dans l'archipel ne saurait être complet sans une journée à lézarder sur la longue plage de **Porto Santo** : ses kilomètres de sable doré et ses eaux claires vous attendent au terme d'une minicroisière de deux heures et demie, au cours de laquelle vous apercevrez peut-être quelques dauphins ou une baleine.

Amoureux du *farniente* balnéaire ou des longues balades, votre week-end à Madère vous réservera des saveurs inattendues : celles d'un bout d'Europe entouré d'eau à perte de vue, dont les habitants ont couru toutes les mers du globe avant de regagner leur « jardin flottant » où c'est tous les jours le printemps. Comme un goût de tropiques adoucis.

Funchal★★

La tête dans les nuages et les pieds dans l'eau, telle apparaît souvent la capitale de l'île. Mais dès que le ciel se dégage, se dessine un ensemble de collines verdoyantes formant un vaste amphithéâtre autour de la baie. Semblables à des jouets d'enfants, les petites maisons blanches s'étagent sur les pentes, parfois très raides, qui révèlent de magnifiques perspectives sur l'Océan. Si le fenouil sauvage qui couvrait les hauteurs à l'arrivée des premiers colons a disparu (« funchal » signifie « fenouillède »), la végétation est toujours omniprésente : les bougainvilliers tapissent les murs des « quintas », les fleurs occupent le moindre espace vacant du centre-ville, des bananeraies poussent en périphérie.

➔**Accès** *:* Aéroport international à 19 km au nord-est de la ville. Arrivée des ferries en provenance de Porto Santo au porto do Funchal. Tous les bus urbains et interurbains font halte sur l'avenida do Mar. **Plan détachable E7 - Plan de la ville p. 50-51**.

➔**Conseils** *:* Funchal se visite à pied en une journée. Programmez le centre et la vieille ville en début et milieu de journée, et flânez autour du port en fin d'après-midi.

Funchal, où vit près de la moitié des habitants de Madère, est une cité active qui assure le débouché des principales richesses de l'île. Son **port** commercial, repérable à sa longue digue, accueille les navires de marchandises ainsi que les paquebots de croisière. La marina (port de plaisance) abrite des voiliers de toutes nationalités et fait face au **centre-ville** ; ce dernier rassemble les commerces, les administrations et la plupart des monuments historiques et se découvre en une petite demi-journée de balade à pied. À l'est de ce quartier s'étend le réseau de ruelles de la **vieille ville** dont 3 à 4h de promenade permettent de faire le tour. À l'ouest, en direction de Câmara de Lobos, les grands hôtels modernes déterminent la **zone touristique**, le long de la Estrada Monumental. Les habitants de Funchal résident, quant à eux, plutôt sur les hauteurs. C'est dans le centre et la vieille ville que vous trouverez les endroits les plus sympathiques pour déjeuner.

Vous pourrez suivre les étapes de la visite sur le circuit tracé en vert sur le plan de Funchal.

Sé★

(Cathédrale) B2

291 22 81 55 - 9h-11h et 16h-17h30 - gratuit.

Construite par les chevaliers de l'ordre du Christ à la fin du 15e s., elle fut la première cathédrale portugaise d'outre-mer. De style manuélin, elle présente une façade sobre où le crépi blanc contraste avec le basalte noir et le tuf rouge. L'**abside**, décorée de balustres dentelés et de pinacles à torsades, est flanquée d'un clocher carré crénelé, au toit pyramidal revêtu d'azulejos.

Pavage de galets dans le centre historique de Funchal.

Quinta da Palmeira, SANTANA
A
B
1
2
R. do Til
R. 31 de Janeiro
R. do Pombal
Calç. Encarna
Caminho da Achada
R. Calç. Saúde
R. 5 de Outubro
Santa Luzia
R. Ponte Nova
R. Alamos
Calç. do Pico
das
R. dos Mercês
R. dos Netos
Casa Borge
SÃO JOÃO
QUINTA DAS CRUZES
Convento de Santa Clara
Instituto do Vinho da Madeira
Câmara Munici
São João
R. de São João
PICO DAS FRIAS
R. das Cruzes
Cota 40
Calç. Sta Clara
R. de S. Pedro
R. das Pretas
Ferreiros
Colégio
MUSEU FREDERICO DE FREITAS
Museu Municipal
Museu da Fotografia "Vicentes"
Pr. do Município
Rua Quebra Costas
S. PEDRO
R. da Mouraria
R. da Carreira
R. Dr João Brito
R. Major
R. dos Aranhas
Av. Zarco
R. João Tavira
Museu Arte Sa
Av. Calouste Gulbenkian
R. Gomes
R. Ivens
Adegas de S. Francisco
Jardim de S. Francisco
SÉ
C.C. DOLCE VITA
Câmara
Arriaga
R. da Alfândega
The Ritz
São Lourenço
R. dos Ilhéus
R. do Jasmineiro
Praça do Infante
Av. das Comunidades Madeirens
Parque de Santa Catarina
Infante
Pr. Sá Carneiro
Quinta Vigia
CURRAL DAS FREIRAS
CÂMARA DE LOBOS
Av. do
R. da Imperatriz D. Amélia
Jardins do Casino
R. Penha
Av. Sá Carneiro
R. Carvalho Araújo
Pontinha
ILHA DO AMOR

Monte
CAMACHA, MACHICO, Jardim Botânico
LUZIA
R. das Hortas
R. P. J. Ornelas
R. Alf. V. Pestana
Gomes
João
R. Dr. Manuel Pestana
Rua da Rochinha
ROCHINHA
Museu Henrique e Francisco Franco
R. João de Deus
R. da Conceição
Bom Jesus
Instituto do Bordado
Carmo
Pr. do Carmo
R. Brigadeiro Oudinot
POL.
Pr. de Tenerife
Estrada Conde Carvalhal
R. Nova da Alegria
SÃO GONÇALO
Quinta da Boa Vista
Largo do Phelps
R. Ribeirinho
Anadia
R. Dr Fernão de Ornelas
R. do Hospital Velho
Mercado dos Lavradores
R. Acciauoli
SOCORRO
R. Bela de S. Tiago
Travessa das Torres
LARGO DO CORPO SANTO
Outubro
Janeiro
Visconde do
R. Casa da Luz
VILA VELHA
R. de Santa Maria
Madeira Story centre
cleo Museológico Cidade do Açúcar
Pr. da Autonomia
R. D. Carlos I
Museu de Electricidade
Sta Maria Maior
Caminho do Palheiro
Caminho do Lazareto
Av. do Mar
São Tiago
Praia da Barreirinha
OCEANO ATLÂNTICO
SE LOGER
Americana (Residencial).... 2
Colombo (Residencial)....... 1
Madeira (Hotel).................. 4
Reid's Palace..................... 5
São Paulo e Alegria (Apartamentos Turísticos).. 3
SE RESTAURER
Casa Velha........... 5
Il Galo d'Oro.......... 6
Jacquet................ 1
O Jango............... 2
Sabor a Fado........ 3
Uva...................... 4
N
FUNCHAL
0
300 m
PORTO SANTO
C
D
1
2

La nef, aux arcades de lave peinte soutenues par de fines colonnes, est couverte, comme le transept, d'un remarquable **plafond**★ *artesoado* (à caissons et marqueterie, de style mudéjar) en bois de cèdre, aux motifs soulignés d'incrustations d'ivoire. Il est mal éclairé dans la nef ; ses motifs sont plus visibles depuis le bras droit du transept.
Le chœur est orné de stalles du 16e s., de style manuélin. Sur la partie haute, les statues dorées d'apôtres, de docteurs de l'Église et de saints, d'exécution assez primitive, ressortent sur un fond bleu. Au-dessus du maître-autel, douze panneaux de peinture flamande forment un beau retable (16e s.) que surmonte une délicate voûte compartimentée.
À droite du chœur, la chapelle du St-Sacrement présente une riche décoration baroque. Elle abrite un tabernacle en argent de la fin du 17e s. La chaire et les fonts baptismaux, du 16e s., en marbre d'Arrábida, ont été offerts par le roi Dom Manuel.
Au pied de la cathédrale, des fleuristes en costume traditionnel vendent parfois des fleurs exotiques.

Avenida Arriaga

(Avenue Arriaga) B2
En face de la cathédrale, l'avenida Arriaga, axe principal de Funchal, est plantée de jacarandas qui, au printemps, se colorent de violet. Elle accueille la statue de Zarco, fondateur de la ville *(voir encadré p. 54)*, réalisée en 1924 par un artiste natif de l'île, Francisco Franco *(voir p. 62)*.

Fortaleza de São Lourenço

(Fort St-Laurent) B2
À 150 m de la cathédrale, côté mer.
La forteresse d'origine, érigée au début du 16e s. afin d'héberger les capitaines-donataires de l'île, a été prolongée au 18e s. par le palais et ses jardins. Elle comprend aujourd'hui une zone militaire et le palais sert de résidence officielle au ministre de la République pour la région autonome de Madère.
La visite du **palais** *(***palácio** *- entrée par l'av. Zarco - ☏ 291 20 25 30 - visites mar. 10h, vend. 15h, sam. 11h - gratuit - photos interdites)* permet d'admirer une succession de salons nobles, richement décorés. La forteresse accueille également un petit **musée militaire (Museu militar)** *- lun.-sam. 10h-17h - 2 € (enf. 1 €).*
Sur le même trottoir, au n° 39, le snack **The Ritz** marque l'angle avec la calçada de São Lourenço ; c'est l'homonyme d'un café qui connut des heures de gloire dans la première moitié du 20e s. Sa belle façade blanche et la grande salle sont couvertes de panneaux d'azulejos réalisés dans les années 1920 : vous y reconnaîtrez la tour de la cathédrale, les *carreiros* de Monte *(voir encadré p. 68)*, et y verrez des images oubliées comme ces brodeuses et ces tresseurs d'osier œuvrant sur le pas de leur porte ou encore ces scènes de retour de pêche.

Adegas de São Francisco★

(Caves St-François) B2
Av. Arriaga 28, à côté de l'office de tourisme - lun.-vend. 10h-18h30, sam. 10h-13h - vis. guidées 30mn (3,30 €), 45mn (5,50 €) ou 1h (13 €) - vis. guidée en français à 11h30.

En terrasse sur l'avenida Arriaga.

Ces caves, les plus anciennes de Funchal, occupent depuis 1840 le monastère des franciscains construit au 16e s. La visite comprend la tonnellerie, les caves et un petit musée ; elle s'achève par une dégustation *(voir « The Old Blandy Wine Lodge » dans la rubrique « Shopping » p. 42).*

Jardim de São Francisco
(Jardin St-François) B2

Juste derrière les caves.

Véritable parenthèse de tranquillité, ce petit jardin public riche en essences tropicales et tempérées prend des allures de parc botanique. Il est encadré de vieilles maisons madériennes, restaurées pour certaines, un peu décrépies pour d'autres.

Praça do Município

(Place de l'hôtel de ville) B1

En remontant la rua João Tavira, l'une des rues principales du quartier piéton commerçant, depuis la cathédrale, vous arriverez sur cette vaste place pavée de pierres noires et blanches et ornée d'une fontaine. Parmi les élégants édifices qui l'encadrent, vous verrez au sud-est *(sur votre droite)* l'ancien évêché, doté d'une belle galerie à arcades et qui accueille désormais le musée d'Art sacré, tandis qu'au nord-est *(face à vous)*, l'**hôtel de ville** *(câmara municipal)* aux balcons fleuris occupe l'ancien palais du comte de Carvalhal. Surmonté d'une tour qui se dresse au-dessus des maisons, cet édifice du 18e s. abrite une cour intérieure décorée d'azulejos *(lun.-vend. 9h-12h, 14h-17h30 - gratuit)*. Enfin, au nord-ouest *(sur votre gauche)*, se trouve l'église du Colégio.

Museu de Arte Sacra
(Musée d'Art sacré) B1

R. do Bispo 21 - ✆ 291 22 89 00 - www.museuartesacrafunchal.org - mar.-sam. 10h-12h30, 14h30-18h, dim. 10h-13h - fermé j. fériés - 3 €.

La principale richesse du musée réside dans sa collection de **statues** et de

LE FONDATEUR DE FUNCHAL

Né à Tomar, au Portugal, d'une famille modeste, **João Gonçalves Zarco** *a indubitablement le sang chaud. Il s'éprend d'abord d'une jeune fille noble et la kidnappe pour l'épouser ! Capturé, il vient ensuite implorer la grâce de l'infant Henri et entre à son service comme chevalier. Il se distingue bientôt par son courage à la bataille de Tanger et lors de la conquête de Ceuta, où il est blessé à l'œil par une flèche. Puis il participe à la découverte de Madère en 1419. Dès l'année suivante, il trace sur la côte sud, à l'embouchure de trois* ribeiras, *les plans d'une ville qu'il baptise Funchal, et distribue des terres aux colons. Zarco restera le donataire de la capitainerie de Funchal jusqu'à sa mort (vers 1467). En 1508, le roi Manuel accorde une charte à la cité, devenue prospère grâce au commerce de la canne à sucre (quatre pains de sucre figurent pour cette raison dans ses armes).*

tableaux★ des écoles flamande et portugaise des 15e et 16e s. peints sur bois. De l'école portugaise, remarquez les panneaux de bas-reliefs en bois doré du 17e s. et, parmi les peintures, une apparition du Christ à Marie Madeleine, avec une Mise au tombeau au verso (16e s.). À l'étage de l'école flamande, citons un triptyque représentant saint Jacques et saint Philippe entre les donateurs du tableau (au dos se trouve une Annonciation) ; une *Descente de Croix* attribuée à Gérard David dont les personnages montrent une grande noblesse d'expression ; le portrait en pied du patron de Funchal, *Saint Jacques le Mineur*, en toge rouge, attribué à Dirk Bouts ; une *Sainte Marie Madeleine* surprenante par son réalisme ; un triptyque, attribué à Joos van Cleve, représentant saint Pierre dans un somptueux manteau pourpre. Le musée abrite aussi une belle collection d'objets sacrés et d'ornements liturgiques. Parmi les pièces d'orfèvrerie provenant de la cathédrale, ne manquez pas la remarquable **croix** d'argent gothico-manuéline (16e s.), don du roi Manuel Ier.

Igreja do Colégio★

(Église du Collège) B1

R. dos Ferreiros 105 - ✆ 291 23 35 34 - www.igrejadocolegio.com - lun., jeu., vend. 10h-18h, mar. 10h-20h15, merc. 10h-21h, sam. 15h-18h, dim. 9h-13h et 18h30-20h30 - gratuit.

Accolée à un couvent de jésuites transformé en université, l'église du Collège, consacrée à saint Jean l'évangéliste, a été édifiée au début du 17e s. dans le style jésuite. Sa **façade** blanche, austère, est percée de nombreuses fenêtres aux encadrements de basalte noir et creusée de quatre niches abritant des statues de marbre : en haut saint Ignace et saint François Xavier, en bas saint François Borgia et saint Stanislas.

La **nef**, tapissée d'azulejos, est surchargée d'exubérants autels baroques décorés de grappes de raisin. La sacristie, à gauche du chœur, est couverte d'un beau plafond peint à trompes d'angle. Cette salle élégante, décorée d'une frise d'azulejos, abrite un magnifique chapier, long meuble de bois à serrures dorées occupant tout un pan de mur et où les religieux serraient leurs vêtements d'épaule.

Derrière la sacristie, l'escalier de la **tour** *(lun.-vend. 10h-15h - donation)* grimpe à une terrasse qui réserve une jolie vue sur la place et les toits de tuile rouge du centre.

Instituto do Vinho da Madeira

(Institut du Vin de Madère) B1

R. 5 de Outubro 78 - ✆ 291 20 46 00 - www.vinhomadeira.pt - fermé pour d'importants travaux de rénovation, devrait rouvrir courant 2013.

Créé pour promouvoir le vin de Madère, il propose des dégustations des différents crus de l'île et expose dans son **musée** une collection d'outils et d'instruments ainsi que des lithographies et des photos, liées à la viniculture.

Voir aussi « Le vin de Madère », p. 112.

Museu da Fotografia « Vicentes »

(Musée de la Photographie « Vicentes ») B2

R. da Carreira 43 - ☏ 291 22 50 50 - www. photographiamuseuvicentes.com.pt - lun.-vend. 10h-12h30, 14h-17h - fermé j. fériés - 3 €.

Partiellement piétonnière et bordée de nombreux restaurants touristiques, la **rua da Carreira** est l'une des mieux conservées de Funchal. Légèrement en retrait de la rue, face à un petit patio, s'élève une façade évoquant une maison de La Nouvelle-Orléans : c'est ici que Vicente Gomes da Silva, premier d'une longue lignée de photographes, installa son studio au milieu du 19e s. Ses appareils et plaques de verre ont été pieusement conservés, le studio de prise de vue reconstitué avec le décor d'origine, et l'on s'émerveille en feuilletant les nombreux albums, précieux témoignages de la vie à Madère au 19e s.

Continuer dans la rua da Carreira, prendre la première rue à droite puis, au bout, tourner à gauche dans la rua da Mouraria.

Museu municipal e Aquário

(Musée municipal et Aquarium) B1

R. da Mouraria 31 - ☏ 291 22 97 61 - mar.-vend. 10h-18h, w.-end 12h-18h - fermé j. fériés - 3,66 € (-17 ans 1,66 €).

Cette ancienne demeure du comte de Carvalhal (18e s.) abrite aujourd'hui un **aquarium** où évoluent les différentes espèces de poissons fréquentant les fonds madériens (rascasses rouges, cigales de mer, murènes, etc.), ainsi qu'un **musée d'Histoire naturelle** riche en animaux naturalisés dont d'impressionnants requins, des raies cornues et des phoques à ventre blanc.

Casa-Museu Frederico de Freitas★

(Maison-musée Frederico de Freitas) B1

Calçada de Santa Clara 7 - ☏ 291 22 05 78 - mar.-sam. 10h-17h30 - fermé j. fériés - 3 € (-18 ans 1,50 €).

Cette grande demeure du 18e s., ayant appartenu au 19e s. au médecin Frederico de Freitas, est divisée en deux parties. Dans la **casa da Calçada** ont été reconstitués les appartements bourgeois du 19e s. Richement décorés, ils montrent meubles anglais, armoires de style « caisse à sucre » *(voir la Quinta das Cruzes p. 58)*, céramiques, cuivres dans la grande cuisine, vaisselle et argenterie dans la salle à manger, magnifiques cabinets ornés d'ivoire ou d'os de baleine, etc. Une salle d'art sacré contient une belle collection de croix en bois et en ivoire. La **casa dos Azulejos**, de son côté, présente une importante collection d'azulejos du 12e au 19e s., de diverses origines (portugais, sévillans, flamands, chinois, iraniens, etc.). Au dernier étage se tient une exposition permanente de gravures, dessins et aquarelles illustrant Madère au cours des siècles. Des expositions temporaires se tiennent dans le bâtiment en contrebas *(fermé de 11h30 à 14h30).*

Fruits et légumes au mercado dos Lavradores.

Convento de Santa Clara

(Couvent Ste-Claire) B1

Calçada de Santa Clara 15 - ✆ 291 74 26 12 - visite guidée (20-25mn) lun.-sam. 10h-12h, 15h-17h - fermé 1er janv., 15 août, 8 et 25 déc. - 2 €.

Il fut construit au 17e s., à l'emplacement de l'église érigée par Zarco (*voir encadré p. 54*), pour recueillir les dépouilles de sa famille ; ses deux petites-filles, fondatrices de l'ancien couvent des clarisses, y sont enterrées. L'intérieur de l'église, revêtu d'**azulejos** jaunes et bleus (16e au 18e s.), parmi lesquels des exemplaires sévillans rares, abrite au fond le tombeau gothique de Zarco, surmonté d'un dais et soutenu par des lions. La nef est surmontée d'un beau plafond peint (17e s.). On traverse l'église pour gagner le chœur supérieur et le cloître.

Quinta das Cruzes★★

(Domaine des Croix) A1

Calçada do Pico 1 - ✆ 291 74 06 70 - www.museuquintadascruzes.com - mar.-dim. 10h-12h30, 14h-17h30 - fermé j. fériés - 3 €, gratuit le dim.

Cette *quinta*, ancienne demeure du fondateur de la cité, Zarco, a été transformée en **musée des arts décoratifs**. Au rez-de-chaussée, des salles basses, anciens celliers, sont consacrées au mobilier portugais (16e s.) recueilli dans plusieurs demeures de Funchal. On y remarque un grand nombre de cabinets, meubles très répandus au 17e s., et des armoires et coffres en acajou de style *caixa de açúcar* (« caisse à sucre ») fabriqués avec le bois des coffres dans lesquels était transporté le sucre brésilien. Le fond de la dernière salle est occupé par un retable flamand de la seconde moitié du 15e s. représentant une Nativité. Une vitrine contient une partie du trésor trouvé dans l'épave d'un galion hollandais de la Compagnie des Indes orientales qui s'échoua à Porto Santo en 1724.

Les salles du premier étage sont riches en mobilier anglais des 18e et 19e s.

La maison est entourée d'un **jardin botanique** planté de kapokiers, dragonniers et araucarias. Une serre abrite des orchidées et une multitude d'autres fleurs. Une partie du jardin a été transformée en « parc archéologique », petit musée lapidaire insolite et romantique au milieu de la végétation exotique, où l'on peut voir deux belles fenêtres manuélines et un fragment du pilori de Funchal, élevé à la fin du 15e s. et démoli en 1835.

Pour retourner à la cathédrale, redescendre les calçadas do Pico et Santa Clara, tourner à gauche dans la rua de São Pedro et, tout de suite à droite, dans la rua das Pretas. Peu avant la praça do Município, bifurquer à droite dans la rua João Tavira.

Núcleo Museológico da Cidade do Açúcar

(Musée de la Cité du sucre) C2

Praça do Colombo 5 - ✆ 291 23 69 10 - lun.-vend. 10h-12h30 et 14h-18h - 3 €.

Entre les ruelles du quartier de la cathédrale et celles de la vieille ville, la place Colomb, piétonne, accueille d'agréables terrasses de café. Le petit musée, établi là où se trouvait la demeure d'un négociant flamand du 16e s., retrace l'histoire sucrière de l'île et expose des pièces des 16e et 17e s. exhumées lors de la rénovation du quartier à la fin des années 1980.

Vila Velha

(Vieille Ville) CD2
En suivant les ruelles piétonnes qui partent du parvis de la cathédrale, vous parviendrez à la **praça da Autonomia** où se rejoignent deux des trois rivières striant Funchal de leur tracé encaissé, la ribeira Santa Luzia et la ribeira João Gomes. Là commence, à l'est du centre actuel, la vieille ville, noyau de la cité ancienne fondée au 15e s. Ses rues étroites, jadis occupées par des pêcheurs ou des artisans, accueillent désormais de nombreuses tavernes, bars et restaurants populaires d'où s'échappent d'appétissantes odeurs de poisson grillé et de brochettes. On programmera sa visite en fin de matinée, juste à temps pour se mettre en appétit *(voir « Se restaurer », p. 27)* !
Principal axe du quartier, la **rua de Santa Maria** a été rendue aux piétons. Avec ses portes peintes par des artistes naïfs ou visionnaires, réalistes et pleins d'humour, elle participe depuis 2010 au projet « À portes ouvertes » *(www.arteportasabertas.com)* qui entend redonner une âme à ce quartier menacé de décrépitude.

Mercado dos Lavradores

(Marché des Laboureurs) C2
Lun.-jeu. 8h-19h, vend. 7h-20h, sam. 7h-14h - fermé dim. et j. fériés - gratuit.
Le principal marché de l'île, toujours très animé, est installé dans un édifice mi-Art déco, mi-moderniste construit dans les années 1930 et orné de panneaux d'azulejos à thèmes régionalistes. À l'entrée, les marchandes de fleurs vêtues du traditionnel costume madérien (jupe rayée, corselet, bottes de cuir) proposent des bouquets multicolores. C'est l'endroit idéal pour vous procurer des graines ou des bulbes de fleurs *(voir « L'île jardin », p. 107)*. Autour du patio central sont disposés des étals et des corbeilles regorgeant de fruits et de légumes, que les vendeurs n'hésitent pas à vous faire goûter. C'est l'occasion de découvrir la *pitanga* (cerise de Cayenne), le *maracujá*-banane, une variété allongée et parfumée du fruit de la passion, ou encore la banane-ananas, fruit d'une variété de philodendron. Enfin, à ne pas manquer : la salle de vente des poissons, située dans la partie basse, où clients et marchands s'affairent autour des thons et des poissons-épées. Au mur, les azulejos des années 1940 montrent… la vente des poissons, inchangée depuis l'époque.

Museu de Electricidade-Casa da Luz

(Musée de l'Électricité-Maison de la Lumière) C2
R. Casa da Luz - ✆ 291 21 14 80 - www.eem.pt - mar.-sam. 10h-12h30, 14h-18h -

fermé j. fériés - 2,70 € (-12 ans gratuit).
Longeant la *ribeira* en descendant la rua Brigadeiro Oudinot, vous trouverez à gauche, juste avant le front de mer, cet intéressant musée aménagé dans les locaux de l'ancienne centrale thermique de Funchal. Il évoque au travers de documents, photos, maquettes et machines l'histoire de l'électricité et de l'électrification de l'archipel de Madère.

Madeira Story Centre

(Centre d'histoires de Madère) C2
R. Dom Carlos I 27-29 - ✆ 291 00 07 70 - www.storycentre.com - 10h-18h - fermé 25 déc. - 9,90 € (enf. 4,95 €) - possibilité de billets combinés avec la quinta do Palheiro Ferreiro (18,40 €), le téléphérique de Monte (21,50 €) ou le Old Blandy Wine Lodge (13,40 €) - librairie-boutique, cafétéria.
Installé au nord de la vaste esplanade du campo Almirante Reis d'où part le téléphérique de Monte (*voir « Autour de Funchal », p. 67*), ce musée présente de manière chronologique et didactique toute l'histoire de l'île de Madère, depuis les soubresauts volcaniques des origines jusqu'au développement du tourisme dans la seconde moitié du 20e s., en passant par les grandes heures de la navigation, de la piraterie et du commerce.

Largo do Corpo Santo★

(Place de Corpo Santo) D2
La rua Dom Carlos I mène à cette charmante placette aménagée devant la chapelle du Corpo Santo. Cœur du vieux Funchal, elle s'anime à l'heure des repas quand ses restaurants de poisson se remplissent. Le largo se poursuit vers l'est jusqu'au fort de São Tiago.

Fortaleza de São Tiago

(Fort St-Jacques) D2
R. do Portão de São Tiago - ✆ 291 21 33 40 - lun.-sam. 10h-12h30, 14h-17h30 - fermé j. fériés - 3 € (-12 ans 1,50 €) - visite guidée possible sur réserv. (30mn - mini 5 pers.).
Construit en 1614 pour protéger la cité des attaques pirates et agrandi au 18e s., il dresse ses murailles jaunes au-dessus de la grève où reposent quelques barques de pêcheurs. La forteresse, qui offre une belle vue sur Funchal, abrite un **musée d'Art contemporain** où sont exposées des œuvres d'artistes portugais.
En sortant du fort, tourner deux fois à droite pour rejoindre la rua de Santa Maria.

Igreja de Santa Maria Maior

(Église Ste-Marie Majeure) D2
Largo de Santa Maria Maior - mar. et jeu. à partir de 19h, sam. à partir de 17h, dim. à partir de 10h - gratuit.
Son élégante façade baroque (18e s.), aux volutes de lave noire soulignant le crépi blanc, est percée d'un sévère portail. L'apôtre saint Jacques le Mineur y est honoré le 1er mai en souvenir des miracles par lesquels, en 1523 et 1538, les épidémies de peste qui ravageaient Funchal furent enrayées. À l'intérieur, observez le plafond peint, en berceau. En contrebas de l'église s'étend la **praia da Barreirinha**, une petite plage de galets noirs aménagée avec cafétéria et espace solarium ; la baignade y est

La façade jaune caractéristique de la fortaleza de São Tiago.

protégée par les écueils fermant l'anse. *Revenir vers le centre-ville par la rua de Santa Maria. Arrivé à la Ribeira, remonter sur la droite la rua Brigadeiro Oudinot jusqu'à la praça de Tenerife. Traverser le pont.*

Instituto do Bordado, Tapeçaria e Artesanato da Madeira

(Institut de la Broderie, de la Tapisserie et de l'Artisanat de Madère) C1

R. Visconde do Anadía 44 - 291 21 16 00 - www.bordadomadeira.pt - lun.-vend. 9h30-12h30, 14h-17h30 - fermé j. fériés - 2 € (-10 ans gratuit).

Installé sur la rive ouest de la ribeira João Gomes, en face de la praça do Tenerife, cet institut est un organisme qui garantit l'authenticité des broderies fabriquées dans l'île par l'apposition d'un sceau de plomb. Il abrite un musée où sont exposées de merveilleuses **broderies anciennes★**, du mobilier et de la vaisselle fine au travers d'une reconstitution historique présentant une salle à manger et une chambre à coucher.

Museu Henrique e Francisco Franco

(Musée Henrique et Francisco Franco) C1

R. João de Deus 13 - 291 23 06 33 - lun.-vend. 10h-12h30, 14h-18h - 3,66 €.

L'un peintre, l'autre sculpteur, les deux frères étudièrent les beaux-arts à Paris peu avant la Première Guerre mondiale. Ils revinrent ensuite à Madère où leur œuvre respective connut un certain succès dans les années 1930 à 1950. Bustes et portraits occupent une place privilégiée dans cette rétrospective des deux enfants du pays.

Quinta dos Jardins da Boa Vista

(Quinta des Jardins de Boa Vista) hors plan par D1

R. Lombo da Boa Vista - bus 31 ou 32 - 291 22 04 68 - lun.-sam. 9h-17h30 - fermé j. fériés - 4,50 € (-13 ans gratuit) - meilleure saison fév.-mai.

À 20mn à pied du centre par des ruelles pentues, cette ancienne *quinta* s'est reconvertie depuis plus de 20 ans dans la culture d'orchidées ; elle en recense aujourd'hui plusieurs milliers dont elle commercialise graines et plants *(voir « Shopping », p. 42)*. Sauvegarder les espèces menacées d'extinction et concevoir de nouvelles variétés sont les deux missions que s'est données la famille Garton, aux commandes depuis trois générations. En mars et avril, pic de la floraison, c'est une visite à ne pas manquer ! Devant les serres, un jardin de plantes exotiques (arbres du voyageur, broméliacées, frangipaniers) reste fleuri tout au long de l'année.

De la quinta de Boa Vista, vous pouvez rejoindre le Jardin botanique *(voir p. 64)* en une petite heure par la rua do Lombo da Boa Vista, puis l'estrada Visconde Cacongo et le caminho do Meio. Attention, ça grimpe dur !

Avenida do Mar

(Avenue de Mer ou av. des Communautés madériennes) BC2

Une promenade d'1h env. le long du front de mer, également appelé

av. das Comunidades Madeirenses, vous mènera par le port et le parc Ste-Catherine jusqu'aux jardins du Casino. C'est dans la lumière de fin d'après-midi que cette balade est la plus agréable. Le front de mer, large voie fleurie, suit le rivage et la **marina**, où s'arrêtent les bateaux de plaisance. Le long des quais, en contrebas de l'avenue, s'alignent de nombreux restaurants et cafés dont l'un a pris pour cadre un yacht ayant appartenu aux Beatles, le *Vagrant* (*voir « Sortir, prendre un verre », p. 36*). Au cours de votre promenade, attendez-vous à être sollicités pour des propositions de menus et des excursions en mer. Gagnez le bout de la jetée pour bénéficier d'une belle **vue★** sur la ville. Un peu plus loin sur la droite (en tournant le dos à la ville), le **port commercial** se signale par sa longue digue, la **pontinha**, construite à la fin du 18e s. pour relier un îlot à la terre et prolongée à deux reprises. La plupart des marchandises parvenant à Madère par voie maritime, il a joué un rôle essentiel jusqu'en 2006, date où le port de Caniçal s'est ouvert aux porte-conteneurs.

Parque de Santa Catarina

(Parc Ste-Catherine) A2
Entre l'av. do Infante et l'av. Sé Carneiro, qui prolonge l'av. do Mar - été : 7h-21h, hiver : 7h-19h - gratuit.

Aménagé autour de la chapelle de Santa Catarina, construite en 1425 par Zarco, ce parc est un lieu de promenade agréable en fin de journée, avec une vue imprenable sur le port. Vous pourrez faire une halte sympathique sous les parasols de la cafétéria installée près d'un petit lac. Les Grandes Découvertes sont à l'honneur puisque le parc abrite une statue de Christophe Colomb et, du côté de l'avenida do Infante (au nord), une autre statue représentant Henri le Navigateur sous une grande arche en pierre volcanique.

Quinta da Vigia

(Maison de la Vigie) A2
Accès au jardin seult - lun.-merc. et vend. 9h-12h30, 14h-17h - gratuit.

Située entre le parc de Santa Catarina et les jardins du Casino, cette imposante demeure rose est depuis 1984 le siège du gouvernement régional de Madère.

Casino A2

Accès libre aux jardins. Voir aussi « Nos adresses », p. 36.

Entouré d'un parc planté de beaux arbres exotiques, le casino fut construit en 1976 par l'architecte brésilien Oscar Niemeyer. Notez d'ailleurs sa ressemblance avec la cathédrale de Brasília, au Brésil.

Autour de Funchal★

Entre pics et belvédères, les routes escarpées enlaçant Funchal délivrent presque à chaque virage des panoramas spectaculaires. Étagés dans les collines qui cernent la ville, parcs et jardins cultivent chacun leur personnalité autour de « quintas » (domaines) anciennes : un charme romantique pour certaines, une luxuriance toute tropicale pour d'autres, des parterres au cordeau ailleurs, des essences madériennes ici, des plantes exotiques là... Un bain de nature aux portes de la ville.

➔**Accès** : Les bus de la compagnie Horarios de Funchal *(horaires et trajets sur www.horariosdofunchal.pt)* desservent les alentours de la ville. Les bus nos 20, 21, 22, 31, 32, les plus pratiques, partent de la praça da Autonomia, à Funchal **C1**.
Plan détachable E7 - **Carte des alentours de Funchal p. 67**.
➔**Conseils** : Si vous utilisez le téléphérique, vous pourrez enchaîner la visite du Jardin botanique et de Monte.

Jardim Botânico★

(Jardin botanique)
Sortir de Funchal par la rua Dr Manuel Pestana, en dir. de l'aéroport, puis suivre la signalisation à droite (3 km par une rude montée) - bus nos 29, 30, 31 ou 31A - ✆ 291 21 12 00 - www.sra.pt/jarbot - 9h-18h - fermé 25 déc. - 4 €.
Étagé sur des terrasses qui dominent la vallée de la ribeira de João Gomes, entre 150 et 300 m d'alt., ce jardin a été aménagé dans l'enceinte de l'ancienne quinta de Bom Sucesso. Il rassemble de remarquables exemplaires de la flore de Madère et du monde entier. De terrasse en terrasse, vous passerez successivement par des sections de cactées et succulentes, de topiaires, des parterres à la française, une pelouse plantée de cycas du Japon, un jardin de plantes aromatiques et médicinales.
À mi-hauteur, une élégante maison blanche aux volets verts a été convertie en un petit **musée d'Histoire naturelle**. Elle présente à l'ancienne, dans des meubles en bois, des collections de botanique, de géologie et de zoologie.
Au fond des jardins, le **Louro Parque** rassemble perroquets et perruches dans des volières un rien exiguës.
Du belvédère le plus élevé, vous aurez une belle **vue★** sur le port de Funchal et, en contrebas, sur la vallée de la ribeira de João Gomes, cultivée en terrasses.
Botanical Garden Cable Car – Du Jardin botanique, vous pourrez emprunter ce téléphérique pour rejoindre Monte *(voir plus loin)* : le trajet réserve des vues plongeantes sur la vallée. *Botanical Garden Cable Car - Caminho das Voltas 15 - ✆ 291 21 02 90 - www.telefericojardimbotanico.com - 9h30-17h30 - fermé le 25 déc. - 8,25 € AS, 12,75 € AR.*

Au fond du cratère, le village de Curral das Freiras.

Jardim Orquídea

(Jardin d'orchidées)

R. Pita da Silva 37 - même accès que le jardin botanique, situé à 400 m - ✆ 291 23 84 44 - www.madeira-orchid.com - 9h-18h - fermé 25 déc. - 5 € (-14 ans gratuit).
Les orchidées, de toutes formes et de toutes couleurs, y prospèrent parmi les plantes tropicales recréant leur biotope, dans des serres qui entretiennent une atmosphère moite de minijungle.

Quinta da Palmeira

(Domaine de la Palmeraie)

R. da Levada de Santa Luzia 31 - de Funchal (2 km), prendre au nord la rua 31 de Janeiro, puis à droite la rua do Comboio jusqu'à croiser la rua da Levada de Santa Luzia. À gauche se présente l'entrée de la quinta, *dont le nom est inscrit sur le seuil en galets blancs. Laisser la voiture près de la grille. C'est une propriété privée, mais on peut se promener à pied dans ses jardins. Bus n° 26 (terminus) - ✆ 291 22 10 91 - lun.-vend. 9h-12h et 14h-17h - gratuit.*
Les terrasses de ce parc très bien entretenu dominent Funchal. On y verra de beaux bancs en azulejos et une fenêtre de pierre, gothique, qui provient de la maison où aurait séjourné Christophe Colomb lors de son passage à Funchal.

Quinta do Palheiro Ferreiro★★

(Domaine de Palheiro Ferreiro, ou jardins Blandy)

Caminho da Quinta do Palheiro 32 - ✆ 291 79 30 44 - www.palheiroestate.com et www.palheirogardens.com - 9h-16h30 - fermé 25 déc. et 1er janv. - 10,50 € (-17 ans 4 €). Quitter Funchal (env. 10 km) par la rua Dr Manuel Pestana, route de l'aéroport - prendre la première route en dir. de Camacha puis, après quelques virages, tourner à droite dans une petite route pavée signalisée « Quinta do Palheiro Ferreiro » (propriété privée) - par la VR 1, prendre la sortie n° 13 - passer la grille d'entrée de la quinta *et suivre l'allée de platanes jusqu'au parking. Bus nos 36, 36A ou 37.*
Propriété de la famille Blandy depuis le 19e s., cette vaste demeure, avec hôtel, restaurant de luxe et terrain de golf, s'inscrit dans le cadre d'un **parc** à l'anglaise très soigné que l'on atteint par des allées bordées de camélias, en fleurs de nov. à avril. Plus de 3 000 espèces de plantes y sont représentées, tantôt dans des jardins à la française, tantôt dans des espaces laissés comme « sauvages » où poussent les fougères arborescentes. Changeant sans cesse d'ambiance, on prend plaisir à flâner parmi les remarquables spécimens d'arbres exotiques – certains de dimensions imposantes, comme les séquoias géants –, les parterres de roses et les massifs de fleurs rares.

Passant à 1,5 km au nord de la *quinta*, près de la maison de thé Jasmin, la **levada dos Tornos** part à droite vers Camacha *(env. 12 km - 4 à 5h ; voir p. 79)* et à gauche vers Curral dos Romeiros d'où un chemin continue vers Monte *(env. 4 km - 2h ; voir ci-contre)*.

Monte★

À 7 km de Funchal par la rua do Til (qui part à droite au bout de la rua 31 de Janeiro), puis la ER 103 (Estrada dos Marmeleiros) en dir. de Santana. Bus nos 20, 21, 21A, 22 ou 48 – env. 1h. Le téléphérique (voir ci-dessous) est bien plus rapide !

À près de 600 m d'altitude, Monte est un lieu de villégiature apprécié pour son climat frais et sa végétation luxuriante dans laquelle se cachent des *quintas* et leurs parcs. Il est relié par un **téléphérique** au centre de Funchal. Le parcours, qui offre de très belles vues sur la ville et la baie, dure un peu moins de 15 minutes. *Départ du campo Almirante Reis, dans la vieille ville - arrivée Caminho das Barbosas à Monte - ✆ 291 78 02 80 - www.madeiracablecar.com - 9h30-17h45 -*

fermé 25 déc. - 10 € l'aller, 15 € AR. Un second téléphérique relie la localité au Jardin botanique (voir plus haut).

Jardim tropical et museu do Monte Palace★

Caminho das Babosas 4 - ☏ 291 74 26 50 - www.montepalace.com - jardins : 9h30-18h ; musée : 10h-16h30 - fermé 25 déc. - 10 € (-15 ans gratuit). L'endroit est très fréquenté : en haute saison, venez dès l'ouverture.

La propriété entoure l'ancien Monte Palace Hotel, un palace mythique du 19e s. qui reçut entre autres la visite de Claude Monet. Aménagée sur le domaine d'une *quinta* du 18e s., elle a été acquise en 1987 par l'homme d'affaires et collectionneur d'art José Berardo, né en 1944 à Funchal, afin d'y installer sa **fondation** dédiée à la défense et à la protection de l'environnement.

Jardins – Ils offrent une délicieuse promenade où l'on découvre, parmi les allées ombragées, des azulejos anciens, des panneaux en terre cuite évoquant l'histoire du Portugal et de ses colonies, des pelouses où se pavanent les paons, des pagodes, des lanternes de pierre et des statues chinoises (jardins orientaux), des petits ponts à la japonaise et des lacs peuplés de cygnes et de carpes Koï, des plantes exotiques originaires du monde entier et en particulier de Madère.

Musée – *www.berardocollection.com.* Vous verrez au rez-de-chaussée un ensemble de **minéraux** et de pierres semi-précieuses provenant notamment des continents africain et américain (géode d'améthyste du Brésil), fruit de 15 ans de collection. Les deux étages supérieurs, d'une présentation lumineuse et attrayante, sont consacrés à la **sculpture** en pierre du Zimbabwe des années 1960, dont José Berardo fut l'un des tout premiers acquéreurs.

Igreja Nossa Senhora do Monte (Église Notre-Dame du Mont)

Lun.-sam. 9h-18h, dim. 8h-13h - gratuit.

Sur une butte, au centre d'un parc arboré *(Parque municipal - accès libre)* au cachet romantique, elle fut élevée à l'emplacement de la chapelle édifiée en 1470 par Adão Gonçalves Ferreira qui, avec sa sœur jumelle Ève, fut le premier-né de l'île de Madère. Sa façade au fronton baroque, percée de grandes fenêtres et d'un porche à arcades, est assez décorative. Cette église abrite,

TOUT SCHUSS DEPUIS MONTE★

Au bas de l'escalier de l'église, vous trouverez le point de départ des fameux traîneaux en rotin (carros de cesto)*, mode de transport inventé par un Anglais vers 1850. Poussés, dirigés et retenus par deux hommes en costume blanc* (les carreiros)*, coiffés d'un canotier et chaussés de bottines – que l'on espère antidérapantes –, ces toboggans à deux places dévalent à vive allure le caminho do Monte jusqu'à Livramento, 2 km plus bas. Attraction touristique par excellence, la descente se révèle franchement amusante. Comptez 25 € pour une pers. seule, 30 € pour 2, 45 € pour 3.*

Descente en carro de cesto*, la grande attraction de Monte.*

dans une chapelle à gauche de la nef, le tombeau en fer de l'empereur Charles d'Autriche. Au-dessus du maître-autel, un tabernacle en argent ouvragé contient une petite statue de Notre-Dame-du-Mont, patronne de Madère, vêtue d'une cape. La statue, découverte au 15ᵉ s. à Terreiro da Luta, à l'endroit où la Vierge était apparue à une jeune bergère, est le but d'un important pèlerinage les 14 et 15 août.

Quinta dos Jardins do Imperador (Quinta des Jardins de l'Empereur)

Caminho do Pico - en bas du parking public (fléché) - ☏ 291 78 04 60 - tlj sf dim. 9h30-17h30 - 6 € (-12 ans 3 €).

Surfant sur la vague du succès rencontré par les jardins botaniques des alentours, cette propriété du 18ᵉ s., agencée autour d'un petit manoir, rend hommage à Charles Iᵉʳ d'Autriche qui y séjourna en 1921. Bien moins fréquentés que ceux du Monte Palace, les jardins de l'Empereur souffrent de manque d'entretien.

De l'arrivée du téléphérique, suivez la petite route qui part à droite sur 100 m environ. Elle mène à une place plantée de platanes où s'élevait la capela Nossa Senhora da Conceição, une chapelle néobaroque emportée par les inondations de 2010 (une nouvelle chapelle devrait voir le jour ici en 2014). De là, vous découvrirez une vue plongeante sur la vallée boisée de la ribeira de João Gomes.

De Monte, vous pouvez rejoindre Funchal par une jolie balade à travers les sous-bois *(env. 3 km, 2h30, 380 m de dénivelé)*. Du départ des *carros de cesto (voir encadré p. 68)*, rejoindre le largo das Barbosas et suivre les flèches **« levada do Bom Sucesso »**. Une série de sentiers en pente raide et d'escaliers vous ramènent dans le nord de la ville.

La route de Curral das Freiras★★

ER 107 - route panoramique - 34 km en boucle depuis Funchal – compter 2h. Quitter Funchal vers l'ouest par l'avenida do Infante et tourner à droite pour grimper sur les hauteurs de la ville par la rua do Dʳ Pita puis le caminho de São Martinho - en venant par la VR 1, prendre la sortie nº 8 - pour raccourcir le trajet du retour, emprunter le tunnel de 2,5 km (VE 6).

Igreja de São Martinho

Bus nº 83.

Signalée par son clocher octogonal aux allures de minaret, coiffé d'un bulbe allongé, la nouvelle église paroissiale fut édifiée dans les années 1910 pour faire face à l'augmentation de la population. Elle s'élève sur un pic à 259 m d'altitude.

Pico dos Barcelos★

Bus nᵒˢ 9, 12 ou 48.

Entouré d'aloès et abondamment fleuri, ce belvédère (alt. 355 m) offre un panorama sur Funchal, sur Santo António tapi dans la vallée autour de son église et sur São Martinho dont l'église se détache sur fond d'horizon marin. Étant l'un des belvédères les plus faciles d'accès depuis Funchal, c'est aussi l'un des plus touristiques.

Vers le pico do Serrado

Suivez la route en direction de Eira do Serrado. Après quelques kilomètres, elle se rapproche de la **ribeira dos**

Socorridos, dont le nom évoque les « rescapés » qui se seraient réfugiés à cet endroit lors de l'incendie qui ravagea l'île de 1420 à 1427. **Vue★** saisissante sur le profond défilé – dû à une fracture d'origine volcanique – dans lequel coule le torrent. On en aperçoit au sud l'embouchure, avec les toits de tuiles rouges de Câmara de Lobos.

La route traverse des bois de pins et d'eucalyptus et offre bientôt des vues dégagées sur la vallée. Un belvédère sur la gauche révèle un **panorama★★** magnifique du défilé aux pentes cultivées en terrasses, parsemées de maisons blanches.

Eira do Serrado★★ – *10mn à pied AR - laisser la voiture à la bifurcation à droite qui mène au sommet*. À côté du parking se trouve un complexe avec hôtel, restaurant, café et boutiques de souvenirs. Un chemin, en partie en escalier *(145 marches)*, contourne par la droite le pico do Serrado (1 095 m) et gagne le belvédère. Par beau temps, le panorama est remarquable : le village de Curral das Freiras constelle de ses maisons blanches le creux d'un cirque montagneux aux parois ravinées.

Curral das Freiras★
(Vallée des Nonnes)

Bus nº 81.

La **route** qui descend vers Curral das Freiras s'est substituée à l'ancien sentier qui parcourait en zigzag les pentes vertigineuses. Creusée dans une paroi rocheuse absolument verticale, elle doit franchir deux tunnels pour atteindre le village.

Occupant un **site★** encaissé, au fond d'un cirque volcanique grandiose, Curral das Freiras, qui signifie littéralement « l'étable des nonnes », était la propriété des religieuses de Santa Clara qui vinrent s'y réfugier lors du pillage de Funchal par des pirates français en 1566. L'église s'élève sur une petite place entourée de cafés. En remontant à la sortie du village, à gauche de la route, **vue★** sur l'impressionnante couronne de pics.

Santo António

En redescendant sur Funchal, laisser à droite la route du pico dos Barcelos. Bus nº 48.

Ce quartier résidentiel de l'ouest de Funchal possède une église baroque. Reconstruite après le séisme de 1748, elle se distingue par ses deux hautes tours-clochers dont les sommets pyramidaux s'ornent de bandes d'azulejos bleus et blancs. Sa nef spacieuse accueille six autels.

Câmara de Lobos★

À 10 km de Funchal par la ER 101 - quitter Funchal par l'avenida do Infante vers l'ouest - par la VR 1, prendre la sortie nº 5.

Son nom signifie littéralement « chambre des loups » : il lui vient du grand nombre de phoques moines (*lobo marinho*, « loup marin ») qui y vivaient au moment de l'arrivée de Zarco.

La ville, pittoresque, est bâtie autour d'un **port** protégé par deux falaises volcaniques. Sur la grève de galets noirs, qu'entourent des terrasses de cafés populaires, sont hissées des barques colorées ; la morue y est mise à sécher, écartelée sur des barrettes d'osier.

En longeant le port à l'ouest, on découvre une vue générale du **site★**. Les maisons blanches à tuiles rouges sont réparties sur des terrasses plantées de bananeraies. Dans la partie haute de la ville, un **belvédère** doté d'une pergola surplombe la plage de galets et, à droite, la ribeira do Vigário.
Au croisement avec la route principale, une petite terrasse, où Winston Churchill est venu peindre en 1950, domine le port.

Estreito de Câmara de Lobos

En contre-haut de Câmara de Lobos.
Cette localité animée accrochée à flanc de montagne, à l'écart de la ER 101, est dominée par une église blanche. Une petite route à côté de l'église conduit à la partie haute du village, qui donne accès à la levada do Norte (*voir ci-dessous*).
Alentour, les bananeraies disparaissent au profit de la vigne qui, dans la région d'Estreito de Câmara de Lobos, fait l'objet d'une véritable monoculture. Autour de **Jardim da Serra**, plus haut dans la montagne, la vigne, cultivée en espaliers à plus de 500 m d'altitude, produit le fameux *sercial* (*voir p. 113*).

Levada do Norte★

En la suivant à partir d'Estreito de Câmara de Lobos *(accès au-dessus de l'église)*, on atteint la vallée de la **ribeira da Caixa** *(2h à pied AR)*, véritable bout du monde enchanteur encadré par les terrasses cultivées. Seul le bruissement de l'eau courant dans le canal accompagne cette promenade parmi les fleurs. Si vous êtes en forme et que vous disposez de plus de temps, vous pouvez longer la *levada* jusqu'au **cap Girão** *(2h30 AS depuis Estreito de Câmara de Lobos - 90 m de dénivelé - certains passages sont déconseillés aux personnes sujettes au vertige)*, puis emprunter un sentier pour gagner Câmara de Lobos *(env. 13 km AS pour la totalité de la balade - compter 4 à 5h - attention, les points de départ et d'arrivée sont différents)*.

Cabo Girão★★

(Cap Girão)
À 7 km de Câmara de Lobos par la ER 101 ou par la VR 1 (sortie n° 3).
Réaménagé fin 2012, un belvédère vitré posé à l'extrémité de la falaise verticale – l'une des plus hautes d'Europe – délivre une vue étendue sur les plaines côtières jusqu'à la baie de Funchal. L'Océan écume à 580 m en contrebas, dessinant des courbes régulières. L'endroit est touristique et les vendeuses de souvenirs ne se font pas oublier !
Rancho Cable Car – *Lun. 8h-9h, 17h-20h, mar.-sam. 8h-19h, dim. 9h-19h - 8 € AR.* Au départ de Rancho, ce téléphérique permet aux paysans de rejoindre les champs qu'ils cultivent au pied de la falaise.
Vers l'ouest, l'ancienne route (ER 101) se poursuit à flanc de montagne en serpentant à travers les terrasses et les bananeraies, puis descend subitement vers Ribeira Brava (voir p. 92). La voie rapide (VR 101) qui la double, suite de longs tunnels et d'autoponts, ne permet guère d'apprécier le paysage.

Séchage de la morue dans le petit port de Câmara de Lobos.

L'est de l'île★

La partie est de Madère, la plus ensoleillée, est celle qui bénéficie du climat le plus doux. Rançon de ce cadeau du ciel, sa côte s'est couverte de complexes résidentiels et hôteliers qui ont peu à peu grignoté son charme... Les cours d'eau qui descendent de la montagne ont formé des ravines et des petites rias où se sont installés les villages. Le paysage souvent désolé garde les vestiges des anciennes terrasses cultivées. Le tracé de la côte a été légèrement modifié par la construction de l'aéroport qui a empiété sur la mer.

➔**Accès** : Quitter Funchal par la rua do Conde Carvalhal en dir. de São Gonçalo puis suivre la VR 1 vers Caniço. **Plan détachable FGH5-6-7**.

➔**Conseils** : En voiture, vous pouvez visiter l'est de l'île en boucle, dans le sens inverse des aiguilles d'une montre, en revenant sur Funchal par Camacha ; comptez env. 4h pour 90 km.

São Gonçalo

Plan des alentours de Funchal - *À env. 8 km de Funchal par la rua do Conde Carvalhal.*

La *freguesia* (paroisse) se trouve désormais reliée à Funchal par une côte lotie sans interruption.

Miradouro do Pináculo★
(Belvédère de Pináculo)

À 2 km après São Gonçalo.

Installé sur un promontoire rocheux *(pináculo)*, ce belvédère offre, à travers sa pergola fleurie, une magnifique vue sur Funchal au fond de sa baie et, à l'horizon, sur le cap Girão. On aperçoit au loin les îles Desertas.

Núcleo de Dragoeiros
(Espace des Dragonniers)

Sítio das Neves - sur les hauteurs de São Gonçalo, près de la voie rapide.

Il rassemble de superbes spécimens de cet arbre aux cent têtes *(Dracaena draco)* endémique de Macaronésie (*voir « L'île jardin », p. 107*).

Caniço

Plan détachable F7 - *À 11 km de Funchal par la VR 1.*

Dans cette localité, les habitants vivaient jadis des cultures de la banane et de la canne à sucre ; aujourd'hui, le tourisme a pris le relais avec la construction d'une importante zone hôtelière à Caniço do Baixo, en contrebas de Caniço Centro et de son église (2 km). Les **pointes de Garajau** et de Oliveira ont été aménagées en zones résidentielles. Sur la première, une grande statue du **Christ-Roi** a été élevée par une famille de Madère.

Santa Cruz

Plan détachable G6 - *À 8 km de Caniço par la VR 1 (sortie Oeste puis flèche Centro).*

Agréable bourg de pêcheurs bordé par une plage de galets, Santa Cruz garde des premiers temps de la colonisation plusieurs monuments manuélins. Sur la place principale occupée par un jardin public, l'**église de São Salvador★**, édifiée en 1533, serait la plus ancienne de l'île. Blanche, flanquée d'un clocher au toit pyramidal, elle se termine par une abside ceinte d'une balustrade de croix du Christ. L'intérieur, à trois nefs, est couvert d'un plafond peint. Dans le chœur, dont la voûte est soutenue par des colonnes torses, se trouve la dalle funéraire en métal de João de Freitas, qui fit construire l'église. Remarquez les stalles du collatéral droit, et la jolie chapelle manuéline à gauche.

De l'autre côté de la place, la **mairie** présente de belles fenêtres manuélines.

La voie rapide parvient ensuite à l'**aéroport**, inauguré en 1964, et passe sous la piste d'atterrissage. Formant une véritable forêt de piliers, des pilotis soutiennent cette plate-forme artificielle posée à 70 m au-dessus des vagues. La piste a été allongée en 2000, permettant enfin aux gros-porteurs d'atterrir à Madère, et les passagers n'ont plus à subir les freinages brusques dus au manque de longueur de la piste. Malgré tout, l'arrivée sur cet aéroport coincé entre mer et montagne n'en demeure pas moins impressionnante !

Miradouro Francisco Álvares Nóbrega★

Plan détachable G6 - *À env. 2 km de Santa Cruz par la ER 207.*

Une route à gauche mène à ce belvédère portant le nom d'un poète portugais, surnommé « le petit Camões » (1772-1806), qui loua les mérites de Madère. La vue s'étend sur Machico et la pointe de São Lourenço.

Machico

Plan détachable G6 - *À 5 km de Santa Cruz par la VR 1 - sortie Machico Sud.*

La ville occupe une petite baie au débouché de la large et fertile vallée de la ribeira de Machico. C'est ici que débarquèrent Zarco et ses compagnons. L'année suivante, Tristão Vaz Teixeira reçut de l'infant Henri la direction de la capitainerie de Machico. Le quartier des pêcheurs, nommé Banda d'Além, se trouve à l'est de la rivière, tandis que la vieille ville occupe la rive ouest.

LES AMANTS DE MACHICO

Une légende raconte que, en 1346, une tempête fit échouer un navire anglais à l'embouchure de la rivière. Deux naufragés, Robert Machim et Ana d'Arfet, qui s'étaient enfuis de Bristol pour s'épouser malgré l'opposition de leurs parents, moururent quelques jours après. Leurs compagnons reprirent la mer sur un radeau, furent capturés par des pirates arabes et emmenés au Maroc. Le récit de leurs aventures, transmis par un Castillan au roi du Portugal, aurait incité ce dernier à préparer une expédition pour retrouver l'île inconnue. En débarquant, Zarco aurait découvert au pied d'un cèdre la tombe des deux amants et donné le nom de Machico à cet endroit en souvenir du jeune Anglais Machim.

Igreja paroquial (église paroissiale) – Elle borde une place de la vieille ville plantée de platanes. Édifiée à la fin du 15e s., sa façade manuéline est percée d'une jolie rosace et d'un portail orné de chapiteaux sculptés de têtes d'animaux. Cadeau du roi Manuel Ier, le portail latéral est constitué d'arcs géminés soutenus par des colonnes de marbre blanc. À gauche de la nef, couverte d'un intéressant plafond peint, un arc manuélin ouvre sur la chapelle de São João Baptista, panthéon des donataires.

Solar do Ribeirinho – *R. do Ribeirinho 15 - ✆ 291 96 41 18 - mar.-vend. 10h-12h30, 14h-17h30, sam. 10h-13h - 1,50 €.* Réaménagé en 2008, le manoir *(solar)* du 17e s. retrace les six siècles d'histoire de la ville et le quotidien de ses habitants au travers de quelques objets anciens.

Capela dos Milagres (chapelle des Miracles) – Située à l'est de la rivière, la chapelle des Miracles marque l'emplacement de la tombe des amants de Machico *(voir encadré page précédente)*. Tristão Vaz Teixeira y avait fait construire une chapelle dès 1420. Détruite par une crue en 1803, elle fut réédifiée, mais garda son vieux portail manuélin. En 1829, un négociant anglais, Robert Page, prétendit y avoir retrouvé la croix de cèdre qui surmontait le tombeau des amants.

En partant vers l'est, l'ancienne route *(ER 109)* s'élève en offrant des vues sur la haute vallée de Machico, dominée par les sommets. On quitte la vallée par un tunnel foré sous le mont Facho. La VR 1, elle, n'est qu'une succession de tunnels.

Caniçal

Plan détachable G6 - *À 8 km de Machico par la VR 1 - sortie Centro.*

Après avoir perdu son rôle de centre de la chasse à la baleine lorsque celle-ci fut interdite en 1981, Caniçal végéta quelques années avant de redevenir l'un des premiers ports portugais pour la pêche au thon, activité importante dont témoignent les dimensions des installations portuaires et de la conserverie. Le 3e w.-end de septembre, lors du festival des Pêcheurs, une procession de barques colorées prend la mer pour l'ermitage de Nossa Senhora da Piedade *(voir « Praínha », p. 78)*.

Museu da Baleia (Musée de la Baleine) – *R. da Pedra d'Eira - ✆ 291 96 18 58 - www.museudabaleia.org - mar.-dim. 10h-18h - fermé dim. de Pâques, 1er janv., 25 et 26 déc. - 10 € (enf. 5 €), audioguide en français inclus.* Installé dans un bâtiment contemporain près du port ancien, au bas du village, ce petit musée fort bien fait évoque la chasse à la baleine dont vécut Caniçal entre 1940 et 1981. Commentés par l'audioguide, deux films documentaires retracent l'historique de la chasse à la baleine et font revivre par des images fortes la lutte acharnée des hommes contre leurs adversaires marins. La baleinière exposée semble un frêle esquif à côté de la maquette grandeur nature d'un cachalot. Quelques harpons, des maquettes de bateaux et des *scrimshaws* (dents de cachalot ou os gravés) complètent l'exposition. Dans la dernière salle, chaussez vos lunettes 3D et prenez place dans le bathyscaphe pour revivre une plongée à 1 000 m de

Les spectaculaires formations rocheuses entourant la Ponta de São Lourenço.

fond : dauphins, poulpes et requins vous accompagneront au long de la descente dans les abysses.

Praínha

À env. 3 km de Caniçal - passé la zone franche industrielle, suivre les panneaux « Praínha » - laisser la voiture au parking et descendre le sentier pour gagner la plage.

Encadrée de rochers au pied d'un monticule où se dresse l'**ermitage de Nossa Senhora da Piedade**, sainte patronne des pêcheurs, cette petite plage de sable noir n'a rien de spectaculaire. Mais profitez-en, **Praínha** est l'une des seules plages de sable de Madère.

Miradouro da ponta do Rosto (Belvédère de la pointe du Rosto)

Route de gauche au premier rond-point après Praínha.

Battu par les vents, il livre des **vues★** spectaculaires sur les rochers et falaises à pic de la côte nord.

Ponta de São Lourenço★★

(Pointe St Laurent)

Plan détachable GH5 - *À 5 km de Caniçal par la ER 109.*

Extrémité orientale de l'île de Madère, cette pointe formée de roches volcaniques aux tons ocre, rouges et noirs s'étire loin dans la mer. Royaume des oiseaux de mer et classée Réserve naturelle, elle est battue par les flots et les vents, comme en témoignent les nombreuses éoliennes qui hérissent le paysage. Seule la Quinta de Lorde, un complexe résidentiel flambant neuf (il a ouvert fin 2012) construit dans un style pseudo-traditionnel avec église et… marina bétonne cette zone restée sauvage.

La route se poursuit jusqu'à un parking près de la **baie da Abra**.

De là, un sentier mène à un point de vue d'où l'on découvre des rochers surprenants. Au terme de cette courte balade, vous découvrirez des **vues★★** impressionnantes sur la côte abrupte du nord de l'île.

Vereda da Ponta de São Lourenço (PR 8) – *Dép. du parking de la baie d'Abra - 8 km AR - 5h - les passages aériens ont été sécurisés - attention, les rebords des falaises sont instables.*

Comptant parmi les plus populaires de l'île, ce sentier bien balisé serpente à travers une lande semi-aride jusqu'aux Cais do Sardinha. Çà et là s'ouvrent d'époustouflantes échappées sur les falaises, le golfe de Boqueirão qui sépare la pointe du dernier îlot et, au large, Porto Santo et les îles Desertas.

Boca da Portela

(Col de Portela)

Plan détachable F5 - *À 12 km de Caniçal par la ER 109 puis la VE 1 dir. Porto da Cruz.*

À mesure que la route prend de l'altitude, les cultures de bananes et de canne à sucre cèdent le pas aux bois de pins et d'eucalyptus. Au carrefour du col de Portela (alt. 662 m), montez jusqu'au belvédère qui domine la vallée verdoyante de Machico.

Plusieurs sentiers de randonnée partent du col de Portela, dont le PR 10 qui suit la levada do Furado et rejoint Ribeiro Frio en 5h *(pour randonneurs avertis ; voir p. 87).*

Santo António da Serra

Plan détachable F6 - *À 9 km du col de Portela par la ER 102.*

À 660 m d'altitude, sur un plateau couvert de forêts de pins et d'eucalyptus, Santo António da Serra (souvent abrégé Santo da Serra) est un lieu de villégiature apprécié des habitants de Funchal pour son climat frais et son site reposant. Ses terrains de golf sont réputés.

Sur la place centrale, où s'élève l'église, pénétrez dans le parc de la **quinta da Junta** *(ou Quinta do Santo da Serra - entrée à droite de la place - 9h-18h - gratuit)*, ancienne propriété de la famille Blandy reconvertie en un beau parc public aux essences variées. À l'extrémité de l'allée principale bordée d'azalées, de magnolias et de camélias, un belvédère surplombe la vallée de Machico ; au loin, on distingue la pointe de São Lourenço et, par beau temps, la tache blanche de l'île de Porto Santo.

La route *(ER 102)* qui conduit à Camacha traverse des régions boisées où quelques cultures de primeurs révèlent la présence de hameaux. À gauche, une pancarte signale une vue sur la **levada dos Tornos** *(voir p. 66)* qui serpente sur le versant opposé de la vallée.

Camacha

Plan détachable F6 - *À 12 km de Santo António da Serra par la ER 102 - bus Horarios do Funchal nos 77, 110 ou 129.*

Ce bourg, situé dans une zone boisée à 700 m d'altitude, est un centre réputé de vannerie, connu également pour son groupe folklorique : des accords de *braguinha* (guitare à quatre cordes) accompagnent leurs danses gracieuses et alertes ; l'amusant *brinquinho*, bâton supportant une pyramide de poupées et de castagnettes, sert à marquer la cadence.

De Camacha, vous pourrez **rentrer sur Funchal** *par la pittoresque ER 102 (11 km - env. 25mn) ou par la VE 5 puis la VR 1 (13 km - env. 20mn). Si vous préférez enchaîner directement avec la découverte de la* **côte nord** *(voir p. 80), revenez à Boca da Portela, d'où Porto da Cruz n'est qu'à 7 km (10mn).*

La côte nord★★

De Porto da Cruz à Porto Moniz, la route côtière délivre des panoramas à couper le souffle, passant tantôt au pied d'une austère falaise, tantôt comme suspendue en balcon sur le bleu profond de l'Océan, tantôt encore offrant de spectaculaires échappées sur la chaîne montagneuse centrale. Bordée d'hortensias, d'arums, de cannas et d'agapanthes qui lui donnent de nouvelles tonalités à chaque saison, elle traverse des vallées dont le versant ensoleillé porte des cultures maraîchères. Autour de Santana, des chemins balisés se prêtent à d'innombrables balades parmi les forêts laurifères les mieux préservées de l'île.

➔**Accès** : Au départ de Funchal, prendre la dir. de Monte et rejoindre Faial par Ribeiro Frio *(voir p. 87)* en suivant la ER 103 - compter 52 km (env. 1h15 en voiture) de Faial à Porto Moniz, à l'extrême nord-ouest de l'île. En boucle depuis Funchal, avec retour par Serra de Agua et Ribeira Brava, compter 135 km (env. 3h). **Plan détachable BCDEF3-4-5**.

➔**Conseils** : Une grosse demi-journée suffit pour parcourir la côte nord à petite vitesse. Si vous voulez profiter des promenades à pied décrites, comptez au moins deux jours en faisant une étape, par exemple, à Santana ou à Porto Moniz.

São Roque do Faial

Plan détachable F5 - *À 23 km de Funchal par la ER 103 puis la ER 217 à droite - env. 40mn.*

Quatre kilomètres avant la côte, deux belvédères à droite de la route offrent une **vue★** d'ensemble sur Faial, la Penha da Águia, le village de São Roque et, à l'horizon, la pointe de São Lourenço. Du pont qui enjambe la ribeira de São Roque, on bénéficie d'une autre jolie vue sur la vallée et sur le village, perché sur une crête allongée au confluent des vallées de Metade et de São Roque. Les maisons aux toits de tuiles envahis par la vigne sont posées au milieu des petits champs en terrasses, des plantations d'osier et des vergers piquetés d'abris à toits de chaume *(palheiros)*. Sur les pentes les mieux exposées, on cultive les bananiers, la canne à sucre et la vigne – cette dernière cédant peu à peu la place à la culture de l'anone.

Porto da Cruz

Plan détachable F5 - *À 5 km de São Roque do Faial.*

Avant l'arrivée, un belvédère offre une superbe **vue★★** sur le petit port niché au pied d'une falaise abrupte, en bordure d'une plage de galets noirs. Sa cheminée de briques signale la Companhia dos Engenhos do Norte, l'une des deux distilleries encore en activité sur l'île *(dégustation-vente de* poncha *lun.-vend. 8h-17h)*. L'imposante masse rocheuse de **Penha da Águia** (rocher de l'Aigle, 580 m d'alt.) sépare Porto da Cruz de Faial, village côtier peu touristique.

Les chaumières de Santana, un emblème de Madère.

Santana★

Plan détachable EF4 - *À 5 km de Faial par la ER 101 - bus Horarios do Funchal nos 56, 103 ou 138.*
Situé sur un plateau côtier à 436 m d'altitude, Santana est, avec 8 200 hab., l'une des principales localités de la côte nord. C'est aussi l'une des plus touristiques, grâce à son parc thématique *(voir p. 8)* et à la proximité de la laurisylve *(voir ci-dessous)*. Les habitants vivaient traditionnellement dans de coquettes chaumières en bois aux toits pointus, entourées de jardins fleuris clos de haies de buis, devenues l'un des emblèmes de Madère. Quelques-unes ont été reconstituées, notamment à proximité du parc des Queimadas.
Teleférico da Rocha do Navio – *fléché depuis le centre - 9h-12h, 14h-19h - 5 € AR (5mn de trajet).* Essentiellement emprunté par les cultivateurs dont les terrains s'étendent en bas de la falaise, il permet de descendre sur la plage bordant la Reserva Natural do Sítio da Rocha do Navio, une réserve marine qui s'étend jusqu'à la pointe de São Jorge.

Autour de Santana

Petit paradis pour les marcheurs, les environs de Santana regorgent de sentiers balisés.

Parque das Queimadas★

Plan détachable E5 - *À la sortie de Santana en dir. de São Jorge, sur la ER 101, prendre à gauche le caminho das Queimadas (asphalté - fléché Reserva da Biosfera).*
Après 4 km de route grimpant à travers bois, on parvient aux chaumières du parc forestier, propriété du gouvernement. Là, à 883 m d'altitude, dans un site enchanteur au pied des pentes du pico Ruivo, des cèdres majestueux aux branches couvertes de lichens se reflètent dans les eaux d'un petit étang. Plusieurs sentiers en partent, dont le PR Joel *(2,1 km - 1h30 AR)*, un chemin sans dénivelé accessible à tous.
Levada do Caldeirão Verde★★ (PR 9) – *Dép. au parc des Queimadas - 13 km AR - 5h30 - tous les passages vertigineux sont sécurisés.* La balade traverse une forêt laurifère riche en bruyères arborescentes et suit une profonde *levada* avant de franchir quatre tunnels *(voûtes basses - lampe de poche impérative)*. Elle longe ensuite des précipices impressionnants pour déboucher sur un cirque rempli par une haute cascade où l'on pourra se baigner. De là, les randonneurs avertis pourront poursuivre jusqu'au Caldeirão do Inferno *(2h AR - certains tronçons ne sont pas sécurisés - déconseillé après la pluie).*

Pico das Pedras et achada do Teixeira

Plan détachable E5 - *À 10 km de Santana.*
La route ER 218 partant de Santana passe par le **pico das Pedras**, où se trouve une station expérimentale de botanique, et se poursuit jusqu'au parking du plateau *(achada)* do Teixeira, à 1 592 m d'altitude. Derrière le bâtiment situé près du parking se découvre un point de vue sur Faial et, au premier plan, sur une formation basaltique appelée **Homem em Pé** (« l'homme debout » - *10mn à pied*).

Vereda do pico Ruivo★★★ (PR 1.2) – *Dép. au parking de l'achada do Teixeira - 2h30 AR. L'ascension du pico Ruivo par l'achada do Teixeira est beaucoup plus facile et rapide que l'accès par le pico do Arieiro.* Un sentier pavé offrant très rapidement une belle **vue★★** sur le massif mène au refuge du pico Ruivo *(1h)*. De là, on peut accéder en 15mn au sommet du pic. *Pour la description du pico Ruivo, voir p. 88.*

São Jorge

Plan détachable E4 - *À 8 km de Santana.*
À l'écart de la route principale, son **église** (17e s.) surprend par la richesse de son ornementation baroque dont la présence, insolite dans une paroisse rurale, évoque l'époque fastueuse du roi Jean V (règne 1701-1750) : azulejos, retable de bois doré, tableaux, torchères et, dans la sacristie, un élégant chapier (meuble à tiroirs où les religieux remisaient leurs chapes) et une jolie fontaine baroque.

Arco de São Jorge

Plan détachable E4 - *À 9 km de São Jorge.*
Avant la descente sur **Arco de São Jorge**, un belvédère à droite de la route offre une **vue★** étendue sur la côte qui s'incurve dans la baie de São Vicente ; en contrebas, la petite vallée dans laquelle est bâti Arco de São Jorge est scandée de gradins d'érosion successifs. La localité accueille une **roseraie** (**Roseiral da Quinta do Arco** - *avr.-déc. : 10h-18h - 5 €*) riche de plus de 1 700 espèces.
Les treilles se font nombreuses sur les pentes les plus abritées : cette région, comme celle d'Estreito, produit du *sercial* (*voir p. 112)*, l'un des cépages fameux de Madère. Installé dans d'anciennes caves, un petit **musée du Vin et de la Vigne** (**Museu do Vinho e da Vinha** - *Sítio da Lagoa - 291 57 81 06 - mar.-sam. 14h-18h - 2 €*) lui rend hommage.

Boa Ventura

Plan détachable D4 - *À 7 km d'Arco de São Jorge.*
Ce village essaime ses maisons au milieu des vignobles, sur une colline séparant deux vallées *(lombos)*.
À 3 km de Boa Ventura s'ouvre une jolie **perspective★** : à droite, sur la côte qui déroule ses indentations au-delà de la rivière dos Moinhos toute proche ; à gauche, sur **Ponta Delgada** avec son église blanche et sa piscine d'eau de mer.
Après Ponta Delgada, la côte se fait encore plus austère. La route se rétrécit et passe au pied d'une immense falaise verticale, sombre et humide. Les treilles sont maintenant protégées du vent par des clôtures de genêts qui donnent à la campagne l'aspect d'un damier.

São Vicente

Plan détachable D4 - *À 10 km de Boa Ventura par la ER 101 (18 km de Ribeira Brava par la VR 4 - 25mn).*
Cette petite ville construite à l'embouchure de la ribeira Grande se protège au creux d'une falaise un peu à l'écart de la mer. Les maisons groupées autour de l'église ont fait l'objet d'une rénovation et il est agréable de flâner

dans ces ruelles piétonnes. Devant l'église, un petit **Jardim de Plantas Indígenas** montre des espèces endémiques de l'île que l'on retrouve dans les bois de laurisylve.
À l'endroit où la rivière se jette dans la mer, un rocher a été creusé pour abriter la chapelle São Vicente.
Grutas de São Vicente – *À 800 m au sud-est de la localité (pancartes) - ✆ 291 28 01 47/48 - www.grutasecentrodovulcanismo.com - 10h-19h - dép. des visites guidées (1h - portugais et anglais) ttes les 15mn - fermé 25 déc. - 8 €.* Les grottes de São Vicente offrent un voyage captivant au centre de la Terre, le long d'un parcours de 700 m dans des tubes volcaniques, ces galeries de lave, de basalte et de fer formées par l'explosion du volcan au Paúl da Serra il y a 400 000 ans. Clôturant la visite, un intéressant **Centro do Vulcanismo** explique la formation de l'archipel par des animations (dont la reconstitution d'une éruption) et un film en 3D.

La « route de l'Or »★★

Plan détachable BC4 - *16 km par la ER 101.*
Construite en 1950 pour relier São Vicente à Porto Moniz, elle a été surnommée la « route de l'or » en raison de son coût. Taillée de manière spectaculaire en corniche au flanc d'une falaise qui plonge abruptement dans l'Océan, elle représente un véritable exploit dans le domaine des travaux publics. Très étroite à certains endroits – des aires de dégagement y ont été prévues –, elle offre un parcours impressionnant. Quelques cascades s'y précipitent du haut du Paúl da Serra et, à certains endroits proches du niveau de la mer, les embruns des vagues l'arrosent. Peu à peu doublée, depuis les années 2000, par une *via expresso* (la VE 2) multipliant les tunnels, elle reste ouverte à la circulation sur quelques tronçons fléchés « antiga ER 101 » *(désormais en sens unique : vous ne pourrez les emprunter qu'en allant vers l'ouest, de São Vicente à Porto Moniz.*
De rares vignes affrontent cette côte inhospitalière. Trois kilomètres avant le village de Seixal, la route franchit un long tunnel au-dessus duquel tombe l'abondante **Cascata do Véu da Noiva**. À la sortie, un belvédère offre un beau **point de vue**★ sur le village de **Seixal** *(à 7 km de São Vicente)*, établi sur un **promontoire**★ prolongé d'écueils, parmi les vignobles.
Juste après Seixal, une bifurcation côtière indiquant **Ribeira da Lage** donne accès à une petite anse frangée de sable noir, au pied d'une falaise ; des écueils de roche volcanique déchiquetée protègent ses eaux de la houle du large. Plus loin, à l'embouchure de la **ribeira da Janela**, se dressent trois îlots. Le plus grand est percé d'une sorte de fenêtre *(janela)*, d'où le nom de la rivière. En s'éloignant du pont, on distingue l'étrange configuration de ce rocher.

Porto Moniz★

Plan détachable B3 - *À 16 km de São Vicente.*
Bien protégé par une langue de terre aplatie qui s'allonge en direction d'un

Les piscines naturelles de Porto Moniz.

îlot arrondi, l'ilhéu Mole, c'est le seul port abrité de la côte nord. On y pratiqua la chasse à la baleine jusqu'en 1980. Depuis, rendu plus facile d'accès par l'ouverture de la voie express, le village s'est reconverti dans le tourisme et les maisons de pêcheurs cèdent la place à des pavillons standardisés et à des boutiques de souvenirs. Les quelques hôtels et restaurants de Porto Moniz en font une ville d'étape plaisante.

Piscinas naturais – *Au nord du village - été 9h-20h, hiver 17h30 - 1,50 €.* Ici, la côte est semée d'**écueils★** pointus au milieu desquels a été aménagée une superbe piscine d'eau de mer. Avancez-vous sur les belvédères qui surplombent les gouffres et les arches naturelles creusés par la mer dans les rochers de lave noire. D'autres piscines naturelles, très photogéniques, se trouvent en face de l'**ilhéu Mole** *(près de l'aquarium)*, mais leurs eaux parfois troubles sont moins tentantes.

Aquário – *R. Forte São João Baptista - ✆ 291 85 03 40 - 10h-18h - 7 €.* Mérous, poulpes, requins, murènes et près de 70 espèces croisant dans les eaux de l'archipel s'ébattent ici dans une dizaine de bassins, regroupés dans un fortin d'opérette reproduisant un ouvrage défensif du 18e s. Les plongeurs peuvent descendre à la rencontre des poissons dans le bassin principal *(60 € - 1h - équipement fourni).*

Santa

Plan détachable B4 - *À 5 km de Porto Moniz.*

Après Porto Moniz, la ER 101 gravit en lacet la pente raide de la falaise qui domine le village. Deux belvédères offrent des **vues★** plongeantes sur le bourg, blotti à mi-pente autour de son église, parmi les damiers des champs enclos de genêts ; au-delà, la mer forme une frange d'écume sur les écueils. Comptant 800 âmes, Santa (de son nom complet « Santa Maria Madalena ») éparpille quelques maisons anciennes parmi les cultures maraîchères, à 500 m d'altitude. Comme dans certains bourgs de la côte nord, son église blanche est flanquée d'un curieux clocher carré ressemblant à un minaret.

De Santa, plusieurs options s'offrent à vous pour **rentrer sur Funchal** *:*

- **par la côte nord** : *reprendre dans l'autre sens la VE 2 et, à São Vicente, bifurquer plein sud pour rejoindre Ribeira Brava par la VE 4 - 53 km - 1h. C'est l'option la plus rapide.*
- **par le plateau central** : *après Santa, poursuivre sur env. 2 km vers Ponta do Pargo et prendre à gauche la ER 110 vers Paúl da Serra et Boca da Encumeada (voir p. 90) - 65 km - 1h25.*
- **par la côte sud** : *poursuivre la route côtière ER 101 vers le sud via Ponta do Pargo (voir p. 95) et Raposeira, où vous rejoindrez la VE 3, puis Calheta et Ribeira Brava - 70 km - 1h30.*

Le centre★★

Sur toute la longueur de l'île, une chaîne montagneuse aux flancs abrupts et verdoyants, culminant à 1 862 m d'alt. au pico Ruivo, sépare les côtes nord et sud. Distantes d'une trentaine de kilomètres seulement à vol d'oiseau, ces côtes demeurèrent pourtant longtemps comme étrangères l'une à l'autre, tant le franchissement de la montagne était ardu. Entre pics et pains de sucre, falaises basaltiques et pitons volcaniques, seul le haut plateau du Paúl de Serra dégage des étendues planes.

➔**Accès** : Pour gagner les pics et belvédères de la partie orientale, quitter Funchal vers le nord par la rua do Til et suivre la route ER 103 en dir. de Monte *(voir p. 67)* et de Faial/Santana *(voir p. 80)*. Pour le plateau occidental, emprunter la ER 101 vers l'ouest et rejoindre Serra de Água par Ribeira Brava *(voir p. 92)*. **Plan détachable CDE5-6**.

➔**Conseils** : Prévoyez une demi-journée pour chacune des moitiés de l'île, plus si vous souhaitez faire quelques randonnées. Gardez toujours un coupe-vent ou un pull avec vous : vent et nuages sont des habitués des sommets. Prenez un pique-nique : villages et restaurants sont rares dans la partie ouest.

Ribeiro Frio★

Plan détachable EF6 - *À 17 km de Funchal par la ER 103 - env. 25mn.*

Après **Terreiro da Luta**, la route bordée de haies de fleurs s'élève en lacet parmi les bois de pins et d'acacias. Avec l'altitude, le paysage se dénude et la campagne se couvre de genévriers et de chênes verts. Passé le col de Poiso (1 400 m), la route descend en lacet parmi les pins et les lauriers arborescents, dont la densité annonce l'humidité du nord de l'île.

Dans un site agréable, les versants qui dominent Ribeiro Frio (le « torrent froid »), riches en espèces végétales, font partie du **Parc forestier Flora da Madeira**. Des élevages de truites profitent de la fraîcheur de cet environnement. L'endroit est le point de départ de plusieurs randonnées le long de la *levada* da Serra do Faial.

Vereda dos Balcões★★ (PR 11) – *1,5 km - 1h30 AR - prendre le sentier à gauche du virage en dessous de Ribeiro Frio.* Le chemin longeant la *levada* do Furado passe dans des couloirs taillés dans le rocher basaltique.

Il atteint le belvédère de Balcões, situé sur un versant de la vallée de la Metade, au débouché des cirques de haute montagne. La vue s'étend de la haute vallée qui part du flanc des pics déchiquetés (pico do Arieiro, pico das Torres et pico Ruivo) jusqu'à la vallée côtière plus épanouie dont les collines arrondies portent de riches cultures.

À gauche de la Penha da Águia, on aperçoit les maisons de Faial.

Levada do Furado (PR 10) – *Dép. ER 103 (Ribero Frio), arrivée ER 102 à*

Portela - 11 km - 5h AS. Passant à Ribeiro Frio, ce canal de 54 km de long irrigue une partie du versant jusqu'à Porto da Cruz au nord et Machico à l'est. Les randonneurs expérimentés pourront la suivre vers l'est jusqu'au col de Portela *(11 km - env. 5h AS)* ou vers l'ouest jusqu'à Cruzinhas en passant par Balcões *(voir plus haut)* et la centrale hydroélectrique de Fajã da Nogueira *(14 km - env. 8h AS).*

Miradouro do Pico do Arieiro★★

(Belvédère du pic d'Arieiro)

Plan détachable E6 - *À 20 km de Funchal par la ER 103 puis la ER 202 - au col de Poiso (1 400 m d'alt.), prendre à gauche la route du pico do Arieiro (les panneaux portent l'orthographe « Areeiro »).*

Parcourant les crêtes montagneuses de la zone centrale de l'île, la **ER 202** offre des perspectives sur la côte sud et sur Funchal ainsi que sur la côte nord. Dans les landes désolées paissent des troupeaux de moutons. À **Chão do Arieiro**, la route passe en contrebas de l'observatoire météorologique, perché sur une falaise à 1 700 m d'altitude, puis aboutit à une station radar militaire qui marque le terminus de la route. Un petit espace d'exposition rappelle que les pétrels sont les hôtes favoris des lieux. Aménagé sur la cime même du pic, à 1 818 m d'altitude, le **belvédère du pic d'Arieiro** offre un magnifique panorama sur les massifs du centre de l'île. Vous reconnaîtrez l'emplacement du cratère de Curral das Freiras *(voir p. 71)*, la crête du pico das Torrinhas et le pico das Torres qui précède le pico Ruivo. Au nord-est, vous distinguez la ribeira da Metade, la butte de Penha da Águia (« rocher de l'Aigle ») et la pointe de São Lourenço *(voir p. 78).*

Ascension du pico Ruivo★★★

Plan détachable E5

Point culminant de l'île de Madère avec ses 1 862 m, le pic Ruivo présente des pentes boisées de bruyères géantes et offre, de son sommet, un panorama incomparable. Il n'est accessible qu'aux marcheurs. Plusieurs sentiers parviennent jusqu'au refuge *(casa-abrigo)*. La vereda do Pico do Arieiro *(voir ci-dessous)* est réservée aux randonneurs avertis ; l'accès par l'achada do Teixeira (PR 1.2) est plus facile *(voir « Autour de Santana », p. 82).*

Vereda do Pico do Arieiro (PR 1) – *Dép. du belvédère du pico do Arieiro - 8 km - env. 4h AR - bonnes chaussures, lampe de poche et coupe-vent indispensables. C'est le plus connu et le plus spectaculaire des chemins, mais l'absence de garde-fou à certains endroits et l'inégalité du sol rendent parfois la marche difficile et dangereuse pour ceux qui sont sujets au vertige.* Le chemin parcourt d'abord une arête rocheuse qui domine à gauche la vallée de Curral das Freiras, à droite celle de la ribeira da Metade. Un tunnel franchit le cap do Gato, puis un autre évite la montée difficile au pico das Torres. À la sortie de ce tunnel, on découvre un vaste cirque montagneux où se rejoignent les affluents supérieurs de la ribeira Seca. Remarquez sur la droite, à proximité du chemin, les vestiges d'une étonnante cheminée volcanique.

Paysages escarpés autour du pico do Arieiro.

Panorama★★★ – L'ascension est récompensée par une vue époustouflante sur l'ensemble de l'île. De gauche à droite, on découvre :
– vers l'est, les vallées sauvages de la ribeira Seca, de la ribeira da Metade et du ribeiro Frio qui disparaissent derrière les crêtes en direction de l'Océan ; à l'horizon, la pointe de São Lourenço ;
– plus proche, au sud-est, le pico das Torres précédant le pico do Arieiro ; à droite de celui-ci, le pico do Cidrão (1 802 m) ;
– au sud et à l'ouest, le cirque de Curral das Freiras et le défilé de la ribeira dos Socorridos ; au-dessus, le pico Grande (1 657 m) qui domine le pico das Torrinhas (« des tourelles ») à la silhouette caractéristique ; le pico Casado en forme de cassis ; au loin, le plateau de Paúl da Serra ;
– au nord-ouest, le cratère du Caldeirão do Inferno (« Chaudron de l'Enfer ») ;
– au nord, les vallées de la côte nord séparées par de longues collines ;
– au nord-est, São Jorge et Santana sur leur plateau côtier.

Serra de Água

Plan détachable D6 - *À 24 km de Funchal - suivre la VR 1 vers l'ouest jusqu'à Ribeira Brava puis remonter vers le nord par la ER 104.*
Ce village est bâti dans un joli **site★**, à mi-pente, au milieu des cultures. La Ribeira Brava dessine ici une vallée étroite, aux contours harmonieux. La végétation est abondante et variée : saules et peupliers d'Italie prédominent au bord de l'eau.

Plus loin, en passant au niveau de la pousada dos Vinháticos *(voir « Se loger », p. 24)*, située dans un paysage magnifique de pics dénudés et découpés, on aperçoit des fonds de vallées sculptés en terrasses.

Boca da Encumeada★

Col d'Encumeada Plan détachable D5
À 4,5 km de Serra de Água par la ER 228.
Situé à 1 007 m d'altitude, ce col est couronné d'un belvédère dominant les deux versants de l'île. Il offre ainsi une vue générale sur les deux vallées centrales de Madère, qui occupent une zone de fracture volcanique entre le plateau de Paúl da Serra à l'ouest et les massifs proches du pico Ruivo, à l'est. La **levada do Norte** passe sous la route, descend à Serra de Água, puis irrigue la région comprise entre Ribeira Brava et Câmara de Lobos. Cette *levada* parcourt 60 km. Construite en 1952, c'est l'une des plus récentes de Madère *(voir p. 110)*.

Paúl da Serra

Plan détachable CD5 - *À env. 10 km du col d'Encumeada par la ER 110.*
La route ER 110 relie le col d'Encumeada à Santa, à l'extrême ouest de l'île. Très agréable et beaucoup plus rapide que la route de la côte sud, elle permet de découvrir ce haut plateau, seule surface plane de l'île. En hiver, quand elle est noyée dans les nuages, il vaut mieux l'éviter. Entre Encumeada et Paúl da Serra, elle domine le versant sud de l'île, offrant de très belles vues sur les sommets qui surplombent la côte plantée de bananiers.

Surprenant par son horizontalité et son aridité, la vaste étendue se transforme en marais en hiver (le mot *paúl* signifie « marais »). Cette lande à moutons est aussi le carrefour de pistes, de routes et de chemins qui permettent de faire des excursions dans le centre de l'île.

Levada do Paúl – *Dép. sur la ER 209 au niveau du posto florestal (poste forestier) Cova Grande - 5,5 km - 4 à 5h AR*. Depuis la statue du Cristo Rei, cette randonnée facile traverse des landes à genêts et à fougères avant de rejoindre la ER 210 au niveau de la chapelle Nossa Senhora de Fátima.

Rabaçal★

Plan détachable C5 - *À env. 5 km de la fin du plateau de Paúl da Serra par la ER 110 - grand parking à droite de la route.*

Une petite route sinueuse, interdite aux véhicules *(2 km)*, s'enfonce sous les frondaisons et mène au refuge de Rabaçal *(casas de Rabaçal)*. Retiré et sauvage, c'est un des endroits préférés des Madériens, qui viennent y pique-niquer le dimanche. De là partent les sentiers balisés pour la **cascade do Risco** et le site des **25 Fontes** *(voir ci-dessous)* qui comptent parmi les excursions favorites des randonneurs.

Levada do Risco (PR 6.1) – *Dép. au refuge de Rabaçal - 2,5 km - 50mn AR*. Un frais sentier le long de la *levada* mène à la magnifique **cascade do Risco★★**, qui tombe d'une centaine de mètres dans un bassin au fond de la vallée de Ribeira da Janela.

Levada das 25 Fontes (PR 6) – *Dép. au refuge de Rabaçal - 5 km - compter 2h30 AR - sentier souvent très étroit mais sécurisé sur tous les passages vertigineux*. Env. 150 m plus bas, elle court parallèlement à la levada do Risco à laquelle la relient deux (longs) escaliers. Superbe, la balade mène au très beau site des **25 Fontes★** (« 25 Sources »).

La route des Crêtes

De Rabaçal à Santa, 20 km par la ER 110.

Entre Rabaçal et Santa *(voir p. 86)*, la route suit la ligne de crête, offrant de beaux points de vue sur les deux versants de l'île, notamment à gauche sur la **ribeira da Janela**, la plus grande vallée de l'île, très verte et encaissée.

Pour rejoindre les côtes – *la ER 110 est reliée aux côtes nord et sud par des routes en bon état.*

- **pour la côte nord :** *à 13 km d'Encumeada, prendre la ER 209 qui traverse des landes à fougères puis des forêts de lauriers et de bruyères pour rejoindre la côte à Ribeira de Janela en 20 km.*

- **pour la côte sud :** *prendre à Fonte do Bispo (9 km avant Santa) la ER 210 vers Prazeres ou descendre à Ponta do Sol via Canhas par la ER 209.*

La côte sud-ouest★

Bénéficiant d'un climat plus ensoleillé que la côte nord, le sud-ouest de l'île voit s'épanouir sur ses versants des jardins abondamment fleuris, tandis que les bananiers investissent les terrasses autour des villages. Ces derniers, nombreux sur les flancs sud, sont reliés par une route extrêmement sinueuse grimpant haut dans la montagne et serpentant au gré des courbes du relief. Plus bas, une voie express jalonnée d'ouvrages d'art draine l'essentiel du trafic.

➔**Accès** : Sortir de Funchal à l'ouest par la Estrada Monumental pour rejoindre Ribeira Brava. Compter env. 50 km de Ribeira Brava à Santa, au nord-ouest de l'île (45mn par la VE 3, 1h30 par les *estradas regionales*). **Plan détachable ABC4-5-6-7**.

➔**Conseils** : Comptez une demi-journée pour explorer la côte sud-ouest, de préférence le matin pour avoir le soleil dans le dos. Suivez les anciennes routes (ER 229, ER 222 et ER 101), bien plus pittoresques.

Ribeira Brava

Plan détachable C7 - *À 20 km de Funchal par la VR 1 - 15mn - la* via rápida *ne présentant guère d'intérêt, passer plutôt à flanc de montagne par la ER 229 (30 km - env. 1h).*

La petite ville, dont le nom signifie « rivière sauvage », est bâtie à l'embouchure de la rivière du même nom, entre deux montagnes couvertes de bananeraies et de cultures maraîchères. Une avenue ombragée, animée en saison, longe la plage, débouchant sur un petit quai. La tour, vestige d'un fortin du 17e s., témoigne d'une époque troublée par les assauts des pirates. Au centre du bourg, sur une place pavée de galets formant mosaïque, se dresse une coquette petite **église** du 16e s. flanquée d'un clocher au toit décoré d'azulejos et surmonté d'une sphère armillaire en pierre. Modifiée par la suite, elle a gardé de l'époque primitive une chaire et des fonts baptismaux manuélins intéressants.

Musée ethnographique de Madère – *R. de São Francisco 24 - derrière la bibliothèque municipale - ✆ 291 95 25 98 - mar.-vend. 9h30-17h, sam.-dim. 10h-12h30, 13h30-17h30 - fermé j. fériés - 3 €.* Aménagé dans un ancien moulin à sucre, ce musée est consacré aux activités traditionnelles de l'île, pêche, viticulture et tissage. On peut y voir reconstitués des intérieurs de maisons. Une petite boutique vend des objets artisanaux.

La route qui longe la côte au niveau de la mer, dont le tracé a nécessité la construction de nombreux tunnels, dessert de petits **villages côtiers**.

Ponta do Sol

Plan détachable C7 - *À 5 km de Ribeira Brava par la VE 3.*

Au pied des versants couverts de bananeraies, l'**église** du 16e s., au

Parapente au-dessus de Madalena do Mar.

clocher couvert d'azulejos, présente dans le chœur un plafond mauresque en bois de cèdre peint.

Madalena do Mar

Plan détachable C6 - *À 4 km de Ponta do Sol par la VE 3.*

Au pied de hautes falaises d'où jaillit çà et là une cascade, le village est groupé entre deux rochers au bord d'une longue plage de galets noirs. Sa spécialité ? Le conditionnement de la banane, cultivée sur le moindre espace que l'on a pu arracher à la montagne et aménager en terrasse.

Calheta

Plan détachable B6 - *À 5,5 km de Madalena do Mar par la VE 3.*

Entourée de jacarandas, l'**église** (1639) se dresse sur la droite dans un virage quand on approche de la mer. Elle est intéressante pour le plafond mauresque du chœur : des motifs semblables à ceux du plafond de la cathédrale de Funchal s'assemblent ici en carré. Juste après, une svelte cheminée signale l'*engheno (8h30-20h)*, l'ancienne sucrerie, où vous pourrez vous procurer une bouteille d'*aguardiente* (alcool de canne) et des *bolos de mel* (gâteaux à la mélasse).

Centro das Artes Casa das Mudas (centre des Arts) – *Estrada Simão Gonçalves da Câmara 37 - route d'Estrela - ✆ 291 82 09 00 - mar.-dim. 10h-13h, 14h-18h - 5 € - boutique, cafétéria.*

Tout en perspectives ouvertes sur le large, l'édifice gris ardoise conçu par Paulo David a reçu en 2005 le prix d'architecture européenne contemporaine Mies-van-der-Rohe. Mi-centre culturel, mi-galerie d'art contemporain, il organise des expositions d'arts plastiques, de peinture ou de photographie où figurent régulièrement des œuvres de la collection Berardo *(voir p. 68)*.

Jardim do Mar

Plan détachable B6 - *À 6 km de Calheta par la ER 223 - parking à l'entrée du village.*

Interdit aux voitures, le village – le plus ensoleillé de l'île affirme-t-on – offre une halte plaisante avec ses jardins aux senteurs tropicales, plantés d'avocatiers, de frangipaniers et de manguiers, et ses pergolas de vigne ou de *maracujá*. Une promenade bordée de lauriers-roses a été aménagée en front de mer.

Vereda Jardim do Mar - Prazeres (PR 20) – *Dép. sur le largo da Igreja - 1,9 km - 1h40.* À la ruelle pavée succède, à la sortie du village, un escalier de pierre montant parmi les cultures en terrasses. Ensuite vous attendent 530 m de grimpette continue jusqu'à Prazeres. En reprenant votre souffle, admirez les vues sur la falaise et sur la côte, jusqu'à Paúl do Mar.

Paúl do Mar

Plan détachable B5 - *À 3 km de Jardim do Mar par le tunnel.*

Refuge de pêcheurs coincé entre mer et falaise, le hameau, sa conserverie de poisson et sa fabrique sucrière ne furent longtemps accessibles que par bateau. Il ne commence à se développer que dans les années 1960, avec l'ouverture de la route le reliant à Calheta et à

Fajã da Ovelha : la grande majorité des constructions a donc moins de cinquante ans. Un chemin balisé la relie à Prazeres *(voir ci-contre)*.

Prazeres

Plan détachable B5 - *À 8 km de Calheta par la ER 222.*
Peu touristique, ce bourg tranquille aux maisons abondamment fleuries se déploie, à 530 m d'alt., autour de l'église paroissiale dont l'intérieur est carrelé d'azulejos jaune et bleu. La **Quinta Pedagogica** *(R. da Igreja - tlj 9h-20h30 - donation)* fait le bonheur des enfants avec ses émeus et ses lamas ; vous pourrez y faire emplette d'herbes aromatiques, de confitures et de compotes maison.
Prazeres est surtout fréquenté par les randonneurs venus rejoindre ici la levada Calheta-Ponta do Pargo.
Levada Calheta-Ponta do Pargo – *Au nord du village, au bout du caminho Estacada.* Elle offre dans les deux sens une balade facile, sans dénivelés ni risques de vertige. Vers la gauche, vous rejoindrez Ponta do Pargo *(9 km - env. 4h30 AS)* en passant par des paysages variés, alternant hameaux, terrasses maraîchères et points de vue. Vers la droite, elle traverse une odorante forêt de pins et d'eucalyptus pour rejoindre la ER 211 au niveau d'Estrela da Calheta *(13 km - 4-5h AS)*.
Vereda Caminho Real do Paúl do Mar (PR 19) – *Dép. au niveau du parking de l'hôtel Jardim Atlântico (voir « Se loger », p. 26) - 1,8 km - 1h20 AS.*
Empruntant d'anciens sentiers paysans, le chemin, assez raide, pavé par endroits, zigzague en contrebas du village de Raposeira, passe la gorge de la ribeira Seca par un pont avant d'arriver dans le village côtier.

Ponta do Pargo

Plan détachable AB4 - *À 13 km de Paúl do Mar par la ER 223 puis la ER 101 ou à 12 km de Prazeres par la ER 101.*
La côte ouest est la moins peuplée et la plus retirée de l'île. La route ancienne, bordée de massifs fleuris, traverse une campagne verdoyante où se succèdent les bois de lauriers et de bruyères arborescentes, les forêts d'eucalyptus et de pins, et quelques terrasses de cultures maraîchères.
Elle passe à proximité de la **pointe do Pargo**, limite occidentale de Madère où, lors d'un voyage de reconnaissance, les marins du navire de Zarco pêchèrent un gigantesque pagre *(pargo)*, une espèce de daurade. Son phare se dissimule derrière une colline.
De Ponta do Pargo, vous pouvez poursuivre par une très belle route (ER 101) bordée d'agapanthes et traversant les sous-bois vers Santa et Porto Moniz (18 km - 30mn) et rejoindre ainsi la **côte nord** *(voir p. 80). Vous pouvez aussi, depuis Santa, traverser le* **centre de l'île** *par la ER 110 et rejoindre Funchal (64 km - 1h30) par Paúl da Serra, le col d'Encumeada et Ribeira Brava (voir p. 92).*

Porto Santo★

Tout oppose Porto Santo et Madère. Hormis l'hiver, où ses champs reverdissent sous l'effet de l'humidité, le sol calcaire de Porto Santo, totalement dépourvu de végétation, lui donne la couleur ocre d'un désert. Son relief est assez plat : il est constitué d'une grande plaine où se dressent, au nord-est et au sud-est, quelques « pics » dont le plus élevé, le pico do Facho, ne culmine qu'à 517 m d'altitude. Le climat est doux, avec une moyenne annuelle de 19 °C, et plus sec qu'à Madère. Mais malgré des traits moins saillants, Porto Santo a dans sa manche un atout irrésistible : sa longue plage de sable blond, qui fait le délice des Madériens et des touristes.

➔**Accès** : En ferry depuis le port de Funchal, en avion depuis l'aéroport de Funchal/ Santa Cruz *(voir p. 1)*. **Plan détachable FGH1-2-3**.

➔**Conseils** : Si vous êtes motorisé (location de voiture ou taxi), comptez 3 ou 4h pour faire le tour complet de l'île. En logeant à Funchal, vous pouvez aisément faire l'aller-retour dans la journée.

Avec environ 11,5 km de long sur à peine 6 km de large (42,17 km² de superficie), Porto Santo est un tout petit bout d'île alternant les plats et les dénivelés : un bonheur pour les plus sportifs, qui choisiront de louer une bicyclette *(voir nos adresses dans la rubrique « Sports et loisirs », p. 40)* pour l'explorer ! Et si vous passez plusieurs jours sur l'île, pourquoi ne pas la visiter à pied, au gré de ses sentiers de randonnée (*voir les rubriques « Randonnée » p. 10 et p. 39)* ?

L'île de Porto Santo compte aujourd'hui quelque 5 500 habitants qui vivent essentiellement du tourisme, de la pêche et de quelques cultures (céréales, tomates, melons, pastèques, figues). La vigne produit un excellent vin blanc très sucré, moins célèbre cependant que ses eaux de source riches en sels minéraux, appréciées pour leur valeur thérapeutique et jadis exportées à Madère et sur le continent.

Vila Baleira

Plan détachable G2

La capitale de l'île est à son échelle, vous en ferez donc vite le tour. Le centre est marqué par le **largo do Pelourinho★**, une jolie place plantée de palmiers et de dragonniers, autour de laquelle se dressent de beaux bâtiments blancs, dont l'église et un édifice armorié abritant des services municipaux.

Du largo do Pelourinho, la large rua Infante D. Henrique, bordée de palmiers, mène à un jardin où se dresse la statue de Christophe Colomb. De là, on peut également accéder à la jetée, d'où l'on découvre une vue d'ensemble sur la ville.

Casa-Museu Cristóvão Colombo (Maison de Christophe Colomb) – *Travessa da Sacristia, 2 - ✆ 291 98 34 05 - www.museucolombo-portosanto.com - juil.-sept. : mar.-sam. 10h-12h30,*

La longue plage de Porto Santo.

LAPINS, PIRATES ET AUTRES FLÉAUX

Un an après la découverte de l'île en 1419, le premier capitaine-donataire, Bartolomeu Perestrelo, arrive à Porto Santo. Ayant eu la fâcheuse idée de peupler l'île de lapins, il se voit incapable d'éviter les méfaits de la prolifération des rongeurs. Il réussit cependant à donner à ce territoire dévasté une certaine prospérité. Mais l'île est longtemps abandonnée par les autorités du Portugal, et ses habitants doivent lutter contre les pirates algériens et français qui, jusqu'au 18e s., ne leur épargnent ni les pillages ni les massacres. Et pour compléter un tableau bien sombre, la famine s'abat à son tour sur l'île à la suite de périodes de sécheresse répétées. Ce n'est qu'à la fin du 19e s. que Porto Santo renoue avec une image plus souriante : réputées soigner les problèmes de peau et de digestion, ses eaux naturelles bicarbonatées, embouteillées et exportées, rencontrent le succès sur le continent et gagnent la médaille d'or à l'exposition internationale des eaux minérales de Rio de Janeiro en 1908. Aujourd'hui, le tourisme a pris le relais pour faire connaître Porto Santo.

14h-19h, dim. 10h-13h ; oct.-juin : mar.-sam., 10h-12h30, 14h-17h30, dim. 10h-13h - fermé j. fériés - 2 €. Une ruelle à droite de l'église mène à cette maison-musée, dotée de deux simples pièces où le célèbre navigateur vécut avec sa femme. Dans un bâtiment annexe, on peut voir des gravures et des cartes évoquant sa vie et ses différents périples.

Les plages★

Plan détachable G2-3 - *Au sud-ouest de Vila Baleira.*

Le principal intérêt de Porto Santo reste sa très belle plage, qui attire les touristes et les Madériens. Ses 8 km de sable doré, qui bordent la côte sud de l'île, sont une invitation au *farniente* ou à la pratique de nombreuses activités nautiques (voile, planche à voile, ski nautique, pêche, etc.).

La plage, ou plutôt *les* plages : car elles se suivent sans forcément être tout à fait identiques. Bien équipée, **Praia da Fontinha**, la plus proche de Vila Baleira à laquelle elle est reliée par une promenade piétonne, a les faveurs des citadins. Plus à l'ouest, la **Praia do Cabeço** borde la zone hôtelière ; elle est connue pour les vertus curatives de son sable, réputé souverain contre les rhumatismes et les problèmes osseux. La suivante, **Praia das Pedras Pretas**, est moins fréquentée. Enfin, tout au bout de l'île, **Praia da Calheta** offre un cadre superbe avec ses rochers basaltiques aux formes étranges.

Un bon point pour toutes : la propreté de leurs eaux leur a valu un drapeau bleu. Un bémol cependant, aucune n'est ombragée, et le soleil tape dur à Porto Santo ! Une bonne protection solaire est ici, plus que jamais, indispensable.

Ponta da Calheta

(Pointe de Calheta)
Plan détachable G3 - *À 7,5 km de Vila Baleira.*
Une passe dangereuse, jonchée d'écueils où la mer écume, sépare la pointe de Calheta de l'**ilhéu de Baixo**, dont les carrières de calcaire furent exploitées dès le 16e s. pour produire de la chaux que l'on exportait ensuite vers Madère. L'ilhéu de Baixo, ou ilhéu de Cal (îlot du Bas, ou de la Chaux) est le plus grand des six îlots inhabités qui entourent Porto Santo. La pointe forme un site photogénique avec sa plage hérissée de rochers de basalte noir surgissant entre eaux turquoise et sable doré.

Pico das Flores et ponta de Canaveira★

(Pic des Fleurs et pointe de Canaveira)
Plan détachable G3-F2 - *À 7 km de Vila Baleira. Sur la route de la pointe de Calheta, prendre à droite à la bifurcation pour le centre hippique puis à gauche à l'embranchement suivant.*

La route conduit à une patte d'oie. La piste de gauche mène au pico das Flores, qui offre une belle **vue** sur les falaises et l'îlot de Baixo. Celle de droite se poursuit jusqu'au **Morenos**, une jolie aire de pique-nique, puis jusqu'à la pointe de Canaveira ; de là, vous découvrirez une **vue★** assez spectaculaire sur l'îlot de Ferro (« de fer ») aux belles teintes rouges et son phare, ainsi que sur les criques alentour, sauvages et austères. Enfin, la piste du centre descend vers les eaux cristallines de la plage de Zimbralinho, souvent déserte.

Pico de Ana Ferreira et A Pedreira★

(Pic de Ana Ferreira et La Carrière)
Plan détachable G2 - *À env. 5 km de Vila Baleira - suivre la route qui, parallèle à la plage, mène à la pointe de Calheta - au niveau de Campo de Baixo, prendre à droite la route montant à la chapelle San Pedro, puis à droite la piste qui longe le golf.*
Sur le flanc du pico de Ana Ferreira, à mi-pente, s'ouvre **a pedreira** (« la carrière »), une surprenante formation d'orgues basaltiques s'élançant vers le

CHRISTOPHE COLOMB À PORTO SANTO

Le navigateur génois travailla un temps pour une maison de commerce maritime installée à Lisbonne. Alors qu'il revenait de Madère avec une cargaison de sucre, il rencontra Isabel Moniz, fille du capitaine-donataire Bartolomeu Perestrelo, qu'il épousa. Il vint s'établir avec elle à Porto Santo puis demeura quelque temps chez son ami João Esmeraldo à Funchal ; c'est là qu'il fut mis au courant de divers problèmes de navigation qui l'incitèrent par la suite à partir à la découverte du monde.

ciel. Familièrement appelée le « piano », cette série incurvée de grands prismes réguliers est orientée au nord-est : vous aurez donc un meilleur éclairage le matin.
Du sommet du pic (283 m d'alt.), la vue embrasse la plaine centrale de l'île que ferment à l'est les pics de Castelo et de Facho.

Pico do Facho

(Pic de la Torche)
Plan détachable G2 - *Compter 30mn pour en faire le tour (14 km).*
Partant de Vila Baleira, la ER 111 contourne le pico do Facho en offrant de beaux points de vue sur les différentes parties de l'île : Vila Baleira, le port, le pico de Ana Ferreira à l'ouest et la plage. Cette route traverse des paysages vallonnés et déserts avec, pour seule présence, des vaches, des moutons et quelques bergers dont on aperçoit les cabanes aux toits de chaume.
Vereda do Pico do Castelo (PR 2) – *Dép. au niveau du lieu-dit Moledo, à l'est de Camacha sur la ER 111.*
Le parcours, que l'on peut réaliser en boucle, contourne le pico do Facho par ses flancs sud *(4,6 km - 2h15)* ou nord *(3,2 km - 1h30)* pour aboutir au belvédère de Canhão.

Pico do Castelo

(Pic du Château)
Plan détachable G2 - *À 3,5 km de Vila Baleira.*
En empruntant la route qui gravit les flancs du pic (438 m d'alt.) reboisé, vous accédez à un belvédère révélant un panorama de l'île, quadrillée de cultures en damier.

Miradouro da Portela

(Belvédère de Portela)
Plan détachable G2 - *À 1,6 km de Vila Baleira.*
Une allée bordée de palmiers conduit à ce belvédère, juché à 163 m d'alt. et regardant vers l'ilhéu de Cima (îlot du Haut) et le port. D'anciens moulins à vent (restaurés) rappellent qu'aux 18e et 19e s., Porto Santo produisait du blé.

Fonte da Areia★

(Fontaine du Sable)
Plan détachable G2 - *À 4,8 km de Vila Baleira.*
C'est l'un des sites les plus spectaculaires de l'île. Ses curieuses falaises sculptées par l'érosion dominent une côte rocheuse et sauvage. Au bas du chemin, un édicule portant la date de 1843 protège la source, jadis réputée miraculeuse, qui valut son nom au site.

Bar sur la plage à Ponta da Calheta.

Jour de fête mariale à Nossa Senhora do Monte, sur les hauteurs de Funchal.

Carles Soler/age foto

Pour en savoir plus

Les grandes dates de Madère

L'archipel étant inhabité lorsque les Portugais le découvrent, à la fin du Moyen Âge, son histoire est très récente.

1350 – Le récit de voyage d'un moine castillan, le *Libro del Conoscimiento*, fait mention des îles « Salvage, Desiertas, Lecname et Porto Sancto ».

1418-1419 – **João Gonçalves Zarco** et **Tristão Vaz Teixeira** prennent possession de Porto Santo puis de Madère.

1420 – Venus d'Algarve et du nord du Portugal, les premiers **colons portugais** arrivent sur l'archipel.

1478 – **Christophe Colomb** épouse la fille du gouverneur de Porto Santo, Bartolomeu Perestrelo.

1566 – Bertrand de Montluc, un **corsaire français**, attaque Funchal à la tête de 11 galions et 1 300 hommes. Il pille l'île et fait régner la terreur pendant deux semaines.

1580 – Madère fait partie de la **Couronne espagnole** sous Philippe II.

1662 – Le mariage de Charles II d'Angleterre avec Catherine de Bragance confère aux Anglais des privilèges sur le **commerce du vin** de Madère, seul autorisé à l'exportation vers les colonies américaines.

1807-1813 – Les **troupes britanniques** occupent Madère pour empêcher l'invasion napoléonienne.

1852 – Les vignobles sont détruits par l'oïdium.

1856 – Une épidémie de **choléra** fait environ 7 000 victimes.

1872 – Le phylloxera détruit le reste des **vignobles**.

1916 – En décembre, **Funchal est bombardée** par des sous-marins allemands.

1931 – Révolte de la Farine. **Grève générale** contre les mesures d'austérité du gouvernement Salazar.

1964 – L'inauguration de l'**aéroport** de Funchal lance Madère comme destination touristique.

1971 – Rachetées par le gouvernement, les **îles Selvagens et Desertas** deviennent des réserves protégées.

1976 – L'archipel de Madère prend le statut de **province autonome**.

1986 – L'adhésion du Portugal à la **CEE** va contribuer au développement des infrastructures de l'île.

1991 – Visite du pape **Jean-Paul II**.

1995 – L'aéroport de Porto Santo s'ouvre aux **vols internationaux**.

2001 – L'aéroport de Madère inaugure une nouvelle piste et s'ouvre aux gros porteurs.

2010 – Les pluies torrentielles de février causent des glissements de terrain et des **inondations** à Funchal, faisant 43 morts. Gros incendies en été.

2011 – **Alberto Jardim** est réélu comme gouverneur de Madère, poste qu'il occupe depuis 1974.

2012 – Importants **incendies** de forêt en juillet.

Une île volcanique

L'archipel de Madère se situe à près de 1 000 km au sud-ouest de Lisbonne et à 800 km de la côte marocaine, à une latitude voisine de celle de Casablanca. Il fait partie de la **Macaronésie**, « archipel d'archipels » ayant en partage une géographie, une flore et une faune similaires et comprenant les Açores au nord, les Canaries et les îles du Cap-Vert au sud. Il porte le nom de son île principale, la plus vaste (756 km^2) et la plus peuplée, avec environ 270 000 habitants mais comprend aussi l'île de Porto Santo (env. 42 km^2 et 5 500 habitants), à 60 km au nord-est, et deux groupes d'îlots inhabités : les îles Desertas, à 40 km au large de Funchal, et les îles Selvagens, à 250 km au sud, près des Canaries (*voir p. 120)*. Ses montagnes aux versants abrupts, ses vallées vertigineusement encaissées, une quasi-absence de frange côtière lui confèrent une physionomie singulière, tout en verticalité.

Les origines

Séparée des îles Selvagens, des îles Canaries et de l'Afrique par une fosse marine atteignant 4 512 m de profondeur, entourée de bas-fonds de près de 2 000 m, Madère, comme Porto Santo et les Desertas, a surgi de l'Atlantique à l'**époque tertiaire**, à la suite d'une éruption volcanique. Par la suite, des relèvements sous-marins et plusieurs convulsions ont participé à l'évolution géologique de l'île.

Le volcanisme dans le paysage

Partout dans l'archipel, les paysages portent trace de cette origine : le cratère de Curral das Freiras *(voir p. 71)*, où se seraient formés les principaux accidents du relief central de l'île ; plusieurs *lagoas* (parfois plus des dépressions circulaires que de véritables lacs), en particulier autour de Fanal et de Santo António da Serra ; des cheminées de cratères et des tubes volcaniques comme ceux des grottes de São Vicente *(voir p. 83)* ; des piles de basaltes prismatiques bordant les vallées et les côtes, parmi lesquelles les orgues du Pico de Ana Ferreira *(voir p. 99)*, à Porto Santo sont particulièrement spectaculaires. Plusieurs cônes volcaniques sont visibles sur l'île de Madère (Pico dos Barcelos, S^{ra} da Piedade à la pointe de São Lourenço, ilhéu Mole au large de Porto Moniz), ceux qui hérissent l'île de Porto Santo adoptant une silhouette très caractéristique.

Le lent travail de l'érosion

Les dernières éruptions dans l'archipel remontent à quelque 6 500 ans et se sont produites sur l'île de Madère. Le relief a ensuite été modifié par l'érosion : les cours d'eau ont creusé des vallées encaissées, comme à Ribeira Brava ou à Ribeira da Janela, les vagues ont déchiqueté les falaises qu'elles ont débitées en galets.

Un relief tourmenté

Madère présente un **paysage abrupt et sauvage**. L'île est formée d'une **chaîne montagneuse** d'altitude supérieure à 1 200 m où culminent quelques pics comme le pico Ruivo, le plus haut de l'île avec 1 862 m d'alt. (c'est la troisième plus haute montagne du Portugal), le pico das Torres (1 851 m) ou le pico de Arieiro (1 818 m).
Cette dorsale montagneuse s'étend de la pointe *(ponta)* de São Lourenço à l'est jusqu'à la pointe de Tristão à l'ouest, s'abaissant en son centre au col *(boca)* d'Encumeada. Elle sépare l'île en deux versants nord et sud, bien distincts.
Ces pics altiers voisinent avec de profonds **précipices**, couverts d'une végétation dense, au fond desquels des torrents *(ribeiras)* ont creusé leur voie vers la mer.
La seule partie plane est le **haut plateau** de Paúl da Serra *(voir p. 90)*, désert et inhospitalier, qui s'étend sur 20 km^2 au centre de l'île, à 1 400 m d'altitude. Ses étendues de végétation rase où les genêts en fleurs mettent, au printemps, de grandes touches de jaune vif servent de pâturage aux bovins et aux moutons et, depuis peu, accueillent des champs d'éoliennes.
Les **côtes**, très escarpées, sont par endroits entrecoupées d'estuaires où se sont établis de petits ports de pêche. Les plages sont rares et généralement couvertes de gros galets. L'île ne compte qu'une plage naturelle de sable noir : Praínha, à l'est de Machico.

L'île jardin

« Jardin flottant », « île aux Fleurs », « jardin de l'Atlantique », Madère n'a pas usurpé ses surnoms ! Venez entre avril et juin, et vous verrez s'épanouir ici une quantité et une variété d'essences stupéfiantes. Les arbres fruitiers prennent le relais pour alimenter les étals des marchés tout l'été en saveurs familières ou exotiques. Pour prendre la mesure de cette richesse, rien de tel qu'une visite des jardins botaniques entourant la capitale (*voir p. 64*). Cultivée ou sauvage, dans ses jardins comme dans ses forêts, Madère peut s'enorgueillir d'un patrimoine vert exceptionnel. Pour le sauvegarder, plus des deux tiers de la superficie de l'île ont été classés parc naturel.

Un climat privilégié

Située à une latitude voisine de celle de Casablanca, Madère jouit d'un climat océanique, tempéré toute l'année, avec des températures moyennes de 17 °C en hiver et de 23 °C en été et une luminosité, souvent excellente, qui comblera les amateurs de photo.
C'est sur la **côte sud**, bien protégée des vents, que le climat se montre le plus favorable. La pluie y est rare et tombe généralement en mars, avril et octobre. Sans surprise, c'est la partie de l'île la plus propice aux cultures.
L'**intérieur** connaît des températures plus basses et moins régulières. Les nuages s'accumulent sur les sommets, humidifiant les régions montagneuses. Abondante au printemps et à l'automne, la pluie fait de ces régions centrales le « château d'eau » de l'île.
Les nuages poussés par les alizés arrosent surtout la **côte nord**, au climat plus âpre et plus venté ; cette partie de l'île a conservé une végétation plus sauvage.

Une végétation luxuriante

Le climat et le relief déterminent des étages de végétation nettement marqués.

La frange subtropicale

Partant du niveau de la mer, elle monte jusqu'à 300 m environ. Sur les côtes, on cultive la canne à sucre et la banane, destinée à l'exportation. Dans les endroits les plus ensoleillés s'épanouissent des arbres fruitiers tropicaux donnant en abondance mangues et anones. Sur les terrasses poussent des ananas, tandis que les *maracujás*-bananes, une variété allongée de fruits de la passion, se retrouvent jusque sur les haies des jardins. Les figuiers de Barbarie envahissent les zones non irriguées de la côte sud.

La zone tempérée chaude

De 300 à 750 m environ, un climat de type plus méditerranéen autorise la culture de la vigne, des céréales (maïs, blé, avoine) et des fruits. Dans les vergers, les fruits des pays européens comme les poires, les pommes et les prunes voisinent avec des fruits « du soleil » (oranges, citrons, figues, nèfles) ou des tropiques, goyaves, avocats et papayes en tête. Dans les potagers, haricots et pommes de terre occupent une part importante des cultures maraîchères. Sous serres, on fait pousser oiseaux de paradis et proteas destinés au marché d'exportation de fleurs coupées.

La laurisylve

Entre 750 et 1 300 m, on traverse une forêt appelée *laurissilva*, ou forêt laurifère, dont l'origine remonte à l'ère tertiaire. Cette forêt, qui recouvrait autrefois une grande partie de l'Europe, fut détruite par les glaciations et exceptionnellement préservée dans quelques îles de Macaronésie, notamment aux Canaries et à Madère ; sur cette dernière, elle occupe 27 000 hectares, classés au Patrimoine naturel mondial par l'**Unesco** depuis 1999. Composée de nombreuses espèces endémiques dont les *tils* (*Ocotea foetens* ou laurier fétide), les *vinháticos* (*Persea indica*, un arbre à feuillage persistant de la famille de l'avocatier), le houx ainsi que les bruyères et lauriers arborescents, elle joue un rôle primordial dans la protection des sols et l'infiltration de l'eau de pluie, et permet de ralentir les effets de l'érosion. Quoiqu'on en trouve en de nombreux endroits de l'île, les pans de laurisylve les mieux préservés se voient sur la côte nord, près de Santana *(voir « Parque das Queimadas », p. 82)*.

Les sommets

Quant aux cimes, au-dessus de 1 300 m, elles sont le domaine des fougères, des genêts et ajoncs. Seule s'y développe une végétation rase, adaptée aux frimas et aux vents d'altitude. Les éleveurs y mènent paître leurs troupeaux : au beau milieu de la route, les vaches restent prioritaires !

L'île aux fleurs

Sur toutes les pentes, dans les jardins et même le long des routes, les fleurs et les plantes abondent, qu'elles soient endémiques ou importées.
Au printemps, c'est une explosion de couleurs que célèbre la fête des Fleurs, l'une des attractions majeures de l'île *(voir « Agenda culturel », p. 16)*.

Des jardins enchanteurs

Hortensias, géraniums, bougainvilliers, fuchsias, dahlias, camélias, iris, glaïeuls et mille autres composent des tableaux familiers ; à ces jardins, hibiscus, agapanthes, euphorbes (« épine du christ »), mais aussi orchidées, anthurium aux inflorescences rouges vernissées et strelitzias (« oiseaux de paradis ») apportent une note exotique.
Ces fleurs de tous les climats partagent jardins et terrasses avec des plantes curieuses, auxquelles nous sommes moins habitués : la brugmansia *(Brugmansia arborea)*, ou trompette des anges, aux grandes fleurs pendantes blanches ou jaune-orangé ; le callistemon, familièrement appelé rince-bouteille, aux longs plumeaux rouges caractéristiques ; parmi les nombreuses succulentes, les aeoniums « à tête noire » ; la vipérine *(Echium candicans)* aux fleurs bleu-mauve, endémique de l'île ; ou encore, importées d'Afrique du Sud, la protea *(Leucospermum cordifolium)* aux inflorescences en pompons jaunes ou orangés.

Arbres des villes et des bois

En ville, et tout particulièrement à Funchal, plusieurs espèces d'arbres se couvrent périodiquement de fleurs : ainsi le tulipier du Gabon, d'un orange flamboyant, le magnolia aux élégantes corolles blanches, les acacias à floraison jaune ou rouge, le kapokier (fleurs rouges ou roses) ou le jacaranda (fleurs bleu-mauve).

Parmi les **essences remarquables**, citons les fougères arborescentes, particulièrement nombreuses à Madère ; les dragonniers *(Dracaena draco)*, endémiques de Macaronésie et dont les branches renflées se ramifient en bouquets ; les bruyères arborescentes *(Erica arborea)* au tronc noueux, également endémiques et fréquentes dans la laurisylve, qui peuvent atteindre plusieurs mètres de hauteur. Les cycas du Japon *(Cycas revoluta)*, eux, ont été introduits sur l'île ; ressemblant à des palmiers nains, ces plantes dites archaïques sont de tous les parcs et pelouses, où vous identifierez sans difficulté les spécimens mâles et femelles.

L'avenir de la forêt

Soucieuse de ses forêts, Madère a envisagé très tôt de reboiser les espaces mis à nu dès les premières années de la colonisation : incendies pour gagner en superficie arable, abattage des essences précieuses pour la construction navale ou domestique, bois de chauffe des *enghenos* (entreprises sucrières) ou, plus récemment, développement du réseau routier. Mais en choisissant pour leur résistance et leur pousse rapide des essences allochtones telles qu'eucalyptus, pin ou acacias (souvent pris, à tort, pour des mimosas), les autorités madériennes ont mal estimé leur pouvoir de nuisance. Ces espèces, fortement invasives, ont peu à peu colonisé le territoire au détriment des plantes autochtones. Prenant aujourd'hui conscience des effets néfastes des reboisements entrepris dans les années 1950 et 1960, le gouvernement privilégie désormais le reboisement à partir d'essences locales.

Les levadas

Pressés de mettre en valeur les potentialités agricoles de l'île, les premiers colons défrichèrent l'île en mettant le feu à l'épaisse forêt laurifère qui la couvrait. L'incendie se propagea, dit-on, pendant sept ans, de 1420 à 1427, épargnant cependant certains endroits où subsiste la laurisylve d'origine (*voir p. 108*).

Une terre sculptée

Cette terre défrichée, il fallut la domestiquer. Grâce à un labeur opiniâtre, les paysans sculptèrent les versants des montagnes en **terrasses** *(poios)*, qui donnent aujourd'hui à l'île sa physionomie caractéristique. Pour ce faire, ils allèrent chercher au bas des pentes la terre qui manquait plus haut, en la transportant à dos d'homme dans des hottes, car aucun animal de trait n'avait pu s'acclimater à l'île !

Apprivoiser l'eau

Mais c'est surtout à l'**irrigation** que Madère doit sa richesse agricole. L'île est un énorme réservoir naturel : l'eau de pluie s'infiltre dans la masse des cendres volcaniques et n'est arrêtée que par la couche imperméable de latérite et de basalte. Elle constitue alors des réserves souterraines qui jaillissent en **sources**. Très tôt, les paysans entreprirent de canaliser l'eau de ces sources, créant un réseau de canaux d'irrigation appelés *levadas*.

Un travail de titan

Creusées dans la roche au 15e s., les premières *levadas* étaient étroites (moins d'un mètre de large pour 50 cm de profondeur), tant pour des raisons techniques que pour limiter les pertes par évaporation.
Si l'on considère la médiocrité des moyens techniques, leur édification a représenté un effort prodigieux. Une **déclivité** soigneusement étudiée est nécessaire pour ralentir l'écoulement de l'eau. Pour cela, tunnels et aqueducs vont permettre aux *levadas* de suivre imperturbablement les courbes de niveau. Parfois, elles s'accrochent à la paroi et surplombent des à-pics vertigineux, et il faut imaginer les hommes qui les réalisèrent, installés dans des paniers d'osier suspendus au-dessus du vide. Au fil des siècles, esclaves et forçats furent mis à contribution. Le travail était si dur et si dangereux que la réputation de courage des bâtisseurs de *levadas* avait passé les frontières.

De l'irrigation à l'hydroélectricité

Ce réseau, qui totalisait en 1945 quelque 1 000 km de *levadas* et de *levadinhas*, leurs dérivations de plus faible largeur, en compte aujourd'hui 400 de plus. Le gouvernement portugais a en effet décidé, dans les années 1950, d'étendre à toute l'île le système d'irrigation afin d'accroître les superficies cultivables, et de le doubler d'une production hydroélectrique. La levada Nova et la levada do Norte, les deux dernières tracées, ont ainsi profondément modifié le visage de l'île en venant irriguer enfin les zones arides de Machico, Caniço et Camara de Lobos.

L'eau est captée vers 1 000 m d'altitude, dirigée d'abord vers les quatre centrales hydroélectriques nouvellement construites, puis vers les champs, où elle est redistribuée par des agents appointés, les *levadeiros*. Des lois sévères régissent la répartition de l'eau, et ce système permet à des champs situés près des côtes, dans des zones plus défavorisées, de profiter de l'eau des cimes.

Le sanctuaire des randonneurs

Les *levadas* sont longées par des sentiers qui permettent leur entretien. Ces derniers offrent une merveilleuse opportunité, pour les amateurs de marche à pied, de découvrir les paysages magnifiques de l'île verte sans jamais connaître de vrai dénivelé. Certaines *levadas* traversent des forêts de pins et d'eucalyptus, d'autres s'enfoncent dans la laurisylve ou serpentent dans de charmants sous-bois où poussent fougères et agapanthes, d'autres encore passent à ciel découvert parmi les cultures maraîchères ou longent de spectaculaires à-pics.

Le gouvernement de Madère a balisé et équipé 28 **itinéraires de balade** (dont trois sur l'île de Porto Santo) labellisés PR (*pequena rota* ou sentier de petite randonnée), tantôt suivant des tronçons de *levadas*, tantôt empruntant des *veredas* (sentiers) escarpées.

Parmi les plus appréciées des randonneurs – et les plus fréquentées ! –, vous retrouverez la *levada* des 25 fontaines et la cascade du Risco *(voir p. 91)*, celle du Caldeirão Verde *(voir p. 82)* et la *vereda* de la pointe de São Lourenço *(voir p. 78)*.

Pour les aspects pratiques d'une balade sur les levadas, *voir les rubriques « Randonnée » p. 10 et p. 39.*

Le vin de Madère

La culture de la vigne est introduite à Madère dès le 15e s. Les plants importés de Crète produisent sur le sol volcanique riche et ensoleillé de la côte sud un vin de bonne qualité, le malvoisie. La douceur du climat favorise l'essor de la viticulture.

Vicissitudes de l'histoire

Le vin de Madère acquiert vite un certain **prestige** en Europe, notamment à la cour de François Ier qui en offrait à ses invités. En 1660, l'alliance commerciale entre le Portugal et l'Angleterre favorise l'exportation du vin, et la production s'accroît. De nombreux négociants étrangers, anglais surtout (Blandy, Leacock, Cossart, Gordon), sont attirés à Madère par ce commerce prospère.

Les 18e et 19e s. marquent l'apogée du vin de Madère, dont Anglais et Américains sont alors les principaux consommateurs.

Mais en 1852, une épidémie d'oïdium décime les vignes. Seuls quelques Anglais comme Charles Blandy s'attachent à reconstituer le vignoble dévasté. En 1872, Thomas Leacock réussit à lutter efficacement contre le **phylloxéra** en replantant des variétés américaines. Mais ce second coup porté au vignoble finit de décourager les agriculteurs qui, pour beaucoup, se tournent vers la canne à sucre *(voir aussi « Les ressources de l'île », p. 114)*.

C'est seulement à la fin du 20e s. que l'on commence à replanter sur l'île les cépages d'origine.

Un procédé original

Afin qu'elle bénéficie d'un ensoleillement maximal, la vigne est cultivée sous forme de pergolas étagées sur une multitude de petites terrasses. Dans le sud de l'île, comme autour de Câmara de Lobos, pratiquement tout le versant de la montagne en est couvert.

Les **vendanges** ont lieu à partir de la fin août. Les grappes sont portées au pressoir puis, de là, leur jus livré à Funchal. Traditionnellement, ce transport était fait à dos d'homme, les *borracheiros*, dans des outres qui ne contenaient pas moins de 40 l.

Un vin chauffé

Le vin fermente ensuite dans des tonneaux tout en étant soumis à de multiples traitements : on y ajoute de l'alcool (dès le 16e s., on utilisa de l'alcool de canne à sucre pour augmenter la teneur en alcool et favoriser la conservation), on le clarifie à l'aide de blanc d'œuf ou de colle de poisson, et surtout – la plus grande caractéristique du madère – on le soumet à la chaleur. Stocké dans des barriques et des tonneaux, le vin est ainsi laissé pendant au moins trois mois dans des caves chauffées à 45 °C, ce qui provoque sa maturation. Ce procédé s'appelle l'*estufagem* (le chauffage).

Les **propriétés de la chaleur** furent découvertes à l'occasion du transport du vin sous les tropiques au 18e s. À une certaine époque, on a même utilisé les tonneaux de Madère pour lester les bateaux faisant de longs trajets vers l'Inde ou l'Amérique. Pendant le voyage aller-retour, le vin avait tout le temps de chauffer !

Les variétés de madères

Les madères *vintage,* réalisés à partir des meilleurs vins des années exceptionnelles, ont la propriété de pouvoir être consommés pendant plus de 150 ans. On raconte qu'en 1815 Napoléon, en route vers Ste-Hélène, fit escale à Madère et reçut du consul anglais un tonneau de vin ; à sa mort, le consul récupéra le vin non entamé qui fut mis en bouteilles. En 1936, un Anglais put se vanter d'avoir dégusté de ce « vin de l'Empereur » plus que centenaire. Au-delà de l'anecdote, sachez que le madère compte trois cépages principaux : le **sercial**, dont les plants proviennent du Rhin, est un vin sec, bouqueté, de couleur ambre et servi frais, idéal pour l'apéritif ; brun rougeâtre, le **boal**, qui vient de Bourgogne présente une saveur riche et fruitée qui en fait surtout un vin de dessert ; le **malvoisie** (ou *Malmsey* pour les Anglais), le plus réputé, rare de nos jours, est également un vin de dessert très doux dont la couleur tend vers le violet.

L'île produit aussi le *verdelho*, un vin demi-sec qu'on peut servir en toute occasion, le *moscatel* et le *tinto*, ou vin rouge. Aujourd'hui, l'essentiel de la production viticole madéroise est réalisé avec la variété **tinta negra mole**, un croisement de pinot noir et de grenache.

Comment le choisir

L'étiquette indique l'âge du madère : au moins cinq ans pour les *reserve*, dix ans pour les *special reserve*, quinze ans pour les *extra reserve*, et vingt ans pour les *vintage*. Les *finest*, qui n'en ont que trois, sont utilisés en cuisine.

Depuis 1999, la réglementation de ce vin AOC impose que le cépage mentionné, sercial, boal ou malvoisie, y soit présent à 85 % au moins. Autrement dit, les madères embouteillés entre les épidémies qui décimèrent les cépages « nobles » et 1999 risquent de contenir surtout du *tinta negra mole*… Pour ce dernier, l'étiquette précise le degré de douceur : sec *(seco)*, demi-sec *(meio seco)* ou doux *(doce)*.

On servira le madère dans un verre ballon, entre 13 °C et 16 °C, afin qu'il exprime toutes ses qualités olfactives et gustatives.

Les ressources de l'île

Solidement implantée dans l'île, la communauté anglaise a donné naissance au 19e s. à trois empires industriels, les groupes Hinton (canne à sucre, alcool), Blandy (vin, commerce et navigation) et Leacock (broderie, engrais, transport) qui ont façonné le visage économique de Madère. Certaines des ressources traditionnelles de l'île se sont maintenues ou ont réussi à s'adapter, mais bon nombre d'entre elles appartiennent désormais au passé.

Les richesses oubliées

Historiquement, Madère, « l'île du bois », a d'abord su tirer profit des **arbres** abattus par les premiers colons pour accroître les superficies agricoles : les plus beaux troncs seront vendus pour la construction navale, le cèdre servira à la fabrication de meubles, on utilisera le *til* pour faire des caisses à sucre. Autre ressource végétale d'importance, le **dragonnier** *(voir p. 109)* donnait une sève rougeâtre dont les propriétés tinctoriales sont appréciées. Quant à la guède *(Isatis tinctoria)*, familièrement appelée « pastel des teinturiers », elle poussait en abondance, donnant une **teinture** bleue qui resta en usage jusqu'à l'arrivée en Europe de l'indigo, au 17e s.

Des métiers qui se perdent

En 1856, une Anglaise, Miss Phelps, fonde un ouvroir où elle confie à quelques femmes des travaux inspirés de la **broderie** anglaise, qu'elle dirige ensuite vers des ventes de charité. Des échantillons de ces ouvrages rapportés à Londres remportent un tel succès que Miss Phelps décide de les exporter. La broderie, qui fut durant près d'un siècle l'une des principales ressources de l'île *(voir l'Instituto do Bordado à Funchal p. 62)*, occupa jusqu'à 60 000 femmes dans les années 1950. Elle fait désormais figure de folklore et seule une poignée de brodeuses (env. 6 000) maintient la tradition, sur toile, linon ou organdi, pour satisfaire une demande plus touristique que locale.

Jadis florissante à Camacha *(voir p. 79)*, la **vannerie** connut son heure de gloire à peu près à la même époque. En déclin depuis les années 1950, elle a quasiment disparu de l'île.

Les cultures

La canne à sucre

Ce fut l'une des premières ressources de l'île, aux 15e et 16e s. Elle était alors cultivée par les colons portugais, auxquels ont succédé des Italiens, des Espagnols, des juifs, des Maures et des esclaves noirs. Le sucre de Madère, réputé pour sa qualité, était exporté en Castille, en Angleterre et dans les Flandres. Lorsque la concurrence des Antilles et du Brésil, l'appauvrissement des sols et la pénurie de main-d'œuvre se conjuguent pour mettre un terme à l'âge d'or du sucre, des **produits dérivés** prennent le relais : mélasse et surtout *aguardiente* (alcool de sucre de canne) que produisent les distilleries des *enghenos* (installations sucrières) de l'île. Deux d'entre elles sont encore actives, à Calheta *(voir p. 94)* et à Porto da Cruz *(voir p. 80)*.

Le vignoble

Lorsque, au 16e s., la culture de la canne fut en butte à la concurrence brésilienne, Madère se mit à développer son vignoble. Au-delà du strict intérêt économique, l'exportation de **madère** a renforcé la carte des routes maritimes vers l'Angleterre, Gibraltar, les Indes, les Amériques et le Brésil. La production connut successivement tour à tour le succès et les déboires (*voir p. 112*) mais elle demeure, avec un chiffre annuel de 32 000 hectolitres d'appellation d'origine contrôlée, un pilier de l'économie régionale.

Les nouvelles productions

La **banane**, dernière-née des cultures agricoles d'exportation, représente aujourd'hui l'une des principales productions de l'île. La plupart des plantations se trouvent sur la côte sud, en particulier autour de Madalena do Mar et de Ponta do Sol, dans la région de Ribeira Brava. L'île développe également la production d'avocats, d'anones, de patates douces, et exporte des fleurs coupées cultivées sous serre.

Le tourisme

L'ouverture d'un aéroport international en 1964 précède de peu la **construction d'hôtels** de grande capacité autour de Funchal : le coup d'envoi du tourisme à Madère est donné. Aux aristocrates européens fuyant les rigueurs de l'hiver sur le continent, comme les Habsbourg ou l'impératrice Sissi, aux voyageurs fortunés, Anglais en tête, venus soigner leur tuberculose, aux peintres et aux poètes en quête de pittoresques vont succéder des voyageurs tout simplement soucieux de dépaysement et d'espaces vierges.

En quelques décennies, l'île multiplie par cinquante sa capacité d'accueil, passant de 450 chambres dans les années 1960 à plus de 20 000 au tournant du siècle.

Le tourisme est aujourd'hui l'une des principales ressources économiques de l'île, avec une clientèle venue de toute l'Europe. Retenant les leçons du passé (bétonnage des côtes espagnoles) et conscient des dangers que représente le tourisme de masse, le gouvernement de la Région autonome a volontairement encadré la construction hôtelière, veillant en particulier au **respect des paysages**.

Si Porto Santo draine une clientèle avide de vacances balnéaires, l'île de Madère attire les amateurs de marche à pied et les amoureux de nature, et son succès croît avec l'engouement pour l'écotourisme.

Art et architecture

L'art à Madère est essentiellement religieux. Dès les débuts de la colonisation, de simples églises et chapelles sont édifiées sur l'île suivant le modèle des sanctuaires portugais. La prospérité amène bientôt un enrichissement artistique.
Les échanges commerciaux s'étant intensifiés, par le biais de contacts avec les Flandres, l'**art flamand** pénètre à Madère. Grâce au mécénat de riches négociants, des chevaliers de l'ordre du Christ, du roi Manuel Ier et de capitaines-donataires, les églises gagnent alors en importance.

Les églises

Les styles architecturaux en vogue sur le continent n'ont touché l'île qu'avec un certain retard, et leur évolution s'est montrée plus lente qu'en métropole. Les premières églises sont romano-gothiques ou manuélines. Aux 17e et 18e s., on surcharge leur intérieur d'éléments baroques, tandis que l'on édifie, dans le même style, la plupart des nouvelles églises.

Des façades austères

Leur façade blanche, souvent influencée par la Renaissance italienne, reste assez sévère, lorsqu'elle n'est pas soulignée de volutes de **basalte noir**. Elle est généralement percée d'un portail surmonté d'un arc en plein cintre et d'une fenêtre, et flanquée d'un ou deux clochers carrés à toit pyramidal, traditionnellement revêtus de carreaux de faïence. La porte principale est doublée d'une porte « paravent » en bois précieux et marqueterie.

Des intérieurs flamboyants

À l'intérieur, la nef unique est couverte d'un plafond en berceau de bois peint de fresques baroques. Les **retables** et les triptyques, acquis à Anvers, Lisbonne ou Venise en échange de cargaisons de sucre, frappent par leur exubérance. La belle lampe en argent ouvragé fait rarement défaut près du chœur. La sacristie, enfin, abrite souvent une jolie fontaine de lave baroque.
Le **musée d'Art sacré de Funchal** (*voir p. 54*) conserve retables, tableaux et orfèvrerie religieuse recueillis dans les églises de l'île.

L'architecture civile

Les 17e et 18e s. nous ont légué quelques nobles **quintas** (à la fois demeures et domaines) de basalte noir ou de roche volcanique rouge, témoins de la réussite économique de certains négociants dans le commerce du sucre ou du vin. Au 19e s., l'influence britannique se marque par le soin apporté aux **jardins** et à leurs pavillons récréatifs. Le palais des comtes de Carvalhal, devenu mairie de Funchal (*voir p. 54*), ou la mairie de Santa Cruz (*voir p. 74*) comptent au nombre de ces demeures civiles qui ne manquent pas d'élégance.

Dans les campagnes

On trouve encore des habitats ruraux faisant appel aux matériaux locaux, comme la *casa de colmo*, dont les

chaumières de Santana *(voir p. 82)* aux toits pentus offrent le meilleur exemple, ou les *palheiros* construits en pierre sèche et couverts de tuiles, qui tenaient à la fois de grenier, de remise et d'étable. À Porto Santo, plus aride, la *casa de salão* était faite d'argile sableuse ; ces maisons traditionnelles, fraîches en été et bien isolées en hiver, ont presque toutes disparu aujourd'hui.
À mesure que l'amélioration du réseau routier désenclavait les différentes régions de l'île, dans la seconde moitié du 20e s., les flancs des montagnes se sont couverts de pavillons fonctionnels, sans grand charme, aux volets verts et coiffés de tuile rouge. Ultime concession à la tradition, beaucoup terminent les arêtes des toits par des têtes d'ange ou des colombes censées porter bonheur.

Les apports du continent

On retrouve dans les localités les plus importantes (à commencer par Funchal) quelques éléments typiques du Portugal continental.
Le style manuélin – Marquant sur le continent la transition du gothique à la Renaissance, il s'est épanoui sous le règne de Manuel Ier (1469-1521). D'une importance capitale dans l'histoire de l'art portugais malgré sa brièveté (1490-1520), il reflète la **passion de la mer** et des territoires lointains récemment découverts, et manifeste la puissance naissante et la richesse du Portugal. Dans un style caractérisé par le mouvement, les piliers se tordent en spirale, les arcs triomphaux accueillent des moulures représentant des câbles marins. Les voûtes, d'abord sur simples croisées d'ogives, reçoivent de grosses nervures en relief, rondes ou quadrangulaires, dont le dessin se transforme en étoile à quatre pointes ; des cordages décoratifs y apparaissent, faisant quelquefois des nœuds.
La sphère armillaire – Surmontant tours ou clochers, ce globe formé de cercles symbolisant la course des astres est typique de l'art manuélin.
Les azulejos – Toujours très utilisés en décoration, les panneaux d'azulejos, dont l'origine remonte au 15e s., constituent une sorte de peinture-tapisserie sur carreaux de faïence vernissée. Bien que ces carreaux soient en majorité bleu et blanc, leur nom ne viendrait pas de *azul* (« bleu » en portugais) mais plutôt de l'arabe *al zulaycha*, qui désigne un morceau de terre cuite et lisse. L'azulejo fait partie du domaine architectural portugais et a été une des composantes des différents styles qui se sont succédé au fil des siècles. La **casa-museu Frederico de Freitas**, à Funchal, en retrace l'histoire *(voir p. 56)*.
Les empedrados – Trottoirs et places sont recouverts de belles compositions, tantôt géométriques, tantôt figuratives, dessinées par l'alternance de petits cubes de calcaire blanc et de basalte noir. Ces pavements composent une véritable marqueterie de pierre.

La gastronomie

La cuisine madéroise a évolué au gré des transformations du paysage agricole de l'île, céréalier, puis sucrier et vinicole. Elle raconte aussi l'histoire des liens que l'île a tissés avec le reste du monde, adoptant ici les coutumes alimentaires des marins venus d'Afrique, exportant là ses trouvailles dans les anciennes colonies portugaises.

Dans votre assiette

Goûteuses, les recettes de l'île savent tirer profit des nombreuses **plantes aromatiques** qui poussent ici (origan, romarin, thym, persil, fenouil) ou ont pris place dans le paysage culinaire au gré des échanges maritimes (cannelle, clou de girofle, noix de muscade).
Quel que soit le mets que vous aurez choisi, vous l'accompagnerez d'un *bolo do caco*, un pain rustique fait à base de farine de blé et de patate douce, servi chaud et tartiné d'un beurre à l'ail.

Pour grignoter

Servis en *petiscos* (amuse-gueule), surtout dans les villages côtiers, les *lapas grelhadas* (patelles grillées) et les *caramujos* (bigorneaux) se dégustent à toute heure. Typique de Santana, l'*açorda de mariscos* est une épaisse soupe de pain à l'huile d'olive, parfumée aux palourdes, aux coquillages et aux crevettes, relevée d'ail et de coriandre.

Viandes

La reine indétrônable de la gastronomie madéroise, c'est l'*espetada* : de gros cubes de viande de bœuf (parfois de porc) sont mis en **brochette** sur une tige de laurier qui va leur conférer un arôme subtil. Jadis servie lors des fêtes populaires, l'*espetada* est aujourd'hui le plat traditionnel des fins de semaine.
Quelques restaurants proposent de la *carne de vinha d'alhos* (« viande au vin d'ail »), historiquement préparée pour les fêtes de Noël et composée de dés de porc ou de lapin marinés dans un mélange de vinaigre, d'ail et de vin. La recette s'est propagée jusqu'à Goa, ancien comptoir portugais aux Indes, où elle a donné naissance au *vindaloo*, un curry pimenté préparé à base de vin rouge.
Le *cozido a maderense* mitonne quant à lui du porc avec des petits légumes, de la patate douce et du *cuscus*, cette semoule de blé qui témoigne des antiques liens commerciaux tissés avec le Maghreb.

Poissons

Autres produits phares des restaurants de l'île, le **sabre noir** *(espada preto)* et le **thon** *(atum)* sont pêchés dans les eaux de Madère. Le sabre, également appelé poisson-épée, se sert généralement en filets accompagnés de bananes. Le thon est souvent relevé d'origan et d'ail, et présenté avec des cubes de farine de maïs frite *(milho frito)*.
Dans tous les bourgs où s'est maintenue une tradition de pêche, notamment à Caniçal et à Porto Moniz, on vous proposera également du pagre *(pargo)*, de la vieille *(bodião)*, du maquereau *(chicharro)* et bien entendu de la morue *(bacalhau)*. Encornets *(lulas)* et poulpe *(polvo)* complètent la liste des saveurs du grand large.

Côté mer toujours, ne manquez pas la *cataplana* (sorte de poêlée) de fruits de mer et la *caldeira* (soupe) de poisson, particulièrement savoureuses.

Douceurs

Outre les fruits de saison, très variés à Madère (*voir p. 107*), vous pourrez goûter au *pudim de maracujá* (pudding aux fruits de la passion) et aux *bolos de mel*, des gâteaux de mélasse décorés de noix et d'amande, traditionnellement préparés quelques semaines avant Noël. Aux étals gourmands des fêtes populaires, vous trouverez de petites poupées de massepain connues sous le nom de *boneca de massa* et des bonbons au fenouil *(rebuçados de funcho)*, parfois vendus en colliers.

Boissons, liqueurs et digestifs

L'île produit deux marques de bière de type lager, la Zarco et la Coral. Vous pouvez aussi accompagner votre repas d'un cidre de pomme ou de poire *(vinho de pêro* ou *sidra)* et, au dessert, opter pour un madère *reserve* ou *vintage* (*voir p. 112*). En guise de pousse-café, on vous proposera parfois une *licor*. Longtemps distillées « maison » pour les fêtes, les liqueurs se déclinent à l'anis, à la châtaigne, à la cerise, à l'anone ou à la fraise. Sirotée avant ou après le repas, l'incontournable *poncha* (*aguardiente*, miel et citron) fait presque figure de boisson régionale. À consommer avec modération, bien entendu !

Les îles Desertas et Selvagens

Si l'on connaît de Madère ses *levadas* et de Porto Santo sa longue plage, on oublie trop souvent que l'archipel compte d'autres îles, « sauvages et désertes » celles-là. Il n'existe pas de liaison maritime régulière vers ces deux ensembles d'îles volcaniques, l'un au large de Caniçal, l'autre sur la route des Canaries : petites, trop basses pour retenir les nuages, elles pâtissent d'une aridité qui les rend inhabitables. Revers de la médaille, leur isolement a protégé leurs **écosystèmes**, une aubaine pour les chercheurs s'intéressant à la faune et à la flore endémiques de Macaronésie.

Les îles Désertes comme les îles Sauvages demeurèrent propriété privée jusqu'en 1971, date à laquelle elles furent rachetées par le gouvernement portugais qui les décréta **réserves naturelles**.

Les ilhas Desertas

Visibles depuis la partie orientale de Madère, les trois îles Désertes émergent à quelques encablures au large des côtes sud-est de l'île. Alignées l'une derrière l'autre, Deserta Grande, la plus haute avec 479 m d'alt., l'ilhéu Chao avec son phare et Bugio au relief accidenté couvrent au total 14 km². Elles furent découvertes par João Gonçalves Zarco en 1420 mais, faute d'eau potable sur place, vouèrent à l'échec toutes les tentatives d'installation humaine.

Un usage limité

On en fit donc des lieux de pâture et les baleiniers y installèrent des postes de vigie. Restant relativement faciles d'accès – Funchal n'est qu'à une quarantaine de kilomètres, São Lourenço à 22 km –, elles furent un temps cultivées et fournirent de l'orge et du blé. On y collectait l'orchilla *(Roccella canariensis)*, une variété de lichen servant dans l'élaboration d'une teinture pourpre, et la ficoïde glaciale *(Mesembryanthemum crystallinum)*, une plante contenant du carbonate de soude que l'on utilisait au 19e s. pour la fabrication de savon.

Un sanctuaire de faune

Anciennement propriété de la famille Hinton, industriels anglais installés de longue date à Madère, les ilhas Desertas acquièrent en 1995 le statut de réserve naturelle. Elles abritent une petite colonie de **phoques moines** *(Monachus monachus)*, une espèce menacée d'extinction mais qui semble trouver ici des conditions favorables à son développement : de 8 individus dans les années 1980, elle est aujourd'hui passée à une trentaine. Autres familiers de ses rochers, quelques groupes de **pétrels** ont élu les Desertas comme lieu de nidification.

Les ilhas Selvagens

Balayées par les vents d'Afrique, elles sont plus sèches encore que les ilhas Desertas. Comme elles sont plus proches des îles Canaries (env. 160 km) que de Madère (env. 300 km), leur statut fait l'objet d'un litige entre les gouvernements portugais et espagnol. Elles apparaissent pour la première fois sur une carte d'Abrahão Cresques, en 1375, sous le nom d'Insule Salvatges. Les ilhas Selvagens comptent trois îles principales, Selvagem Grande bordée de falaises et culminant à 163 m d'alt., l'ilhéu de Fora, le **point le plus méridional** du territoire portugais, et Selvagem Pequena, qu'entoure une poignée d'îlots rocheux. À eux tous, ces îles et îlots ne dépassent pas les 4 km^2.

Des ressources convoitées

On venait ici chercher de l'orseille, un lichen à fort pouvoir tinctorial, cousin de l'orchilla des îles Desertas, et la ficoïde glaciale. Les îles Sauvages hébergeant d'importantes colonies d'oiseaux, elles attirèrent également les ramasseurs de guano, un excellent fertilisant, mais aussi les chasseurs, le duvet des jeunes puffins cendrés étant très prisé pour la confection d'oreillers et d'édredons.

Un endémisme sous protection

Lézards, invertébrés, oiseaux de mer, lichens, euphorbes : certaines des îles ont conservé un endémisme remarquable, aucune espèce animale ou végétale n'y ayant jamais été introduite. Sur d'autres, souris et lapins venus avec les navires des explorateurs ont proliféré, ainsi que les chèvres dont les troupeaux servaient de réserve de nourriture d'appoint pour les marins de passage. Depuis une dizaine d'années, dans un souci de préserver voire de restaurer la faune et la flore indigènes, des campagnes visant à l'éradication de toutes les espèces allochtones sont régulièrement lancées par le gouvernement.

Les îles Sauvages accueillent aujourd'hui la plus grande colonie au monde de **puffins cendrés** et plusieurs espèces de pétrels.

G

H

I

J

K

L

M

O

Collection Le Guide Vert sous la responsabilité d'Anne Teffo

Édition	Natacha Brumard, Marie Perchat
Rédaction	Marie Perchat, Béatrice Brillion
Cartographie	Géraldine Deplante, Cristina Ferecatu, Anthony di Rocco, Stéphane Anton, Michèle Cana, Isabelle Delouvy
Conception graphique	Laurent Muller (couverture et maquette intérieure)
Relecture	Marylène Cudeville
Régie publicitaire et partenariats	business-solutions@tp.michelin.com *Le contenu des pages de publicité insérées dans ce guide n'engage que la responsabilité des annonceurs.*
Remerciements	Didier Broussard, Pascal Tisserand, Isabelle Demange, Maria Gaspar
Contacts	Michelin Guides Touristiques 27 cours de l'Ile Seguin, 92100 Boulogne Billancourt Service consommateurs : tourisme@tp.michelin.com Boutique en ligne : www.michelin-boutique.com
Votre avis nous intéresse	Rendez-vous sur votreaviscartesetguides.michelin.fr
	Parution 2013

Michelin Travel Partner
Société par actions simplifiées au capital de 11 288 880 EUR
27 Cours de l'Ile Seguin - 92100 Boulogne Billancourt (France)
R.C.S. Nanterre 433 677 721

Dépôt légal : déc. 2012 – ISSN 0293-9436
Compograveur : Nord Compo, Villeneuve d'Ascq
Imprimeur : PRINTER TRENTO, Trento (Italie)
Imprimé en Italie : 10-2013

Usine certifiée 14001
Sur du papier issu de forêts gérées durablement (100% PEFC)